暮らしのしきたり十二か月

はじめに

どこのご家庭にも必ずあるカレンダーは、ぱっと見ただけで今日は何月何日で何曜日かがわかり、毎日の生活には欠かせないものです。

私たちが現在使用しているカレンダーは、その名の通り太陽の動きを基準にした「太陽暦《たいようれき》」に基づいて作られています。

この太陽暦は一八七二年（明治五年）十二月三日から使用され、「新暦《しんれき》」と呼ばれています。

一方、太陽暦以前にはどのような暦が使われていたのかといえば、現在「旧暦《きゅうれき》」と呼ばれている「太陰太陽暦《たいいんたいようれき》」です。

陰とは月のことで、太陰太陽暦は月と太陽の動きの両方を取り入れた、非常に高度で合理的な暦です。

日本には六世紀頃に中国から伝わり、それ以降、季節や月日の移り変わりを知るすべとして、日本人の生活の一部になりました。

新暦と旧暦では日付が大きく異なりますが、現在も旧暦で行われている行事が数多く残っており、さまざまな習わしが旧暦の呼び名のまま継承されていて、まだまだ旧暦は私たち日本人の生活の中で息づいています。

旧暦といえば、私たちがよく目にするのが、酒屋さんやお米屋さんなどから年末にもらうことの多い「日めくりカレンダー」です。

このカレンダーには、たとえば「九紫」「赤口」「みづのえさる」等々、日付と曜日以外にもさまざまな情報が記されています。

これらは旧暦に由来する「暦注」が多く、それぞれに意味があります。

本書を通じて旧暦を知り、伝承されてきたさまざまな行事や習わしのいわれを知ることによって、これらの言葉が身近なものになっていくことと思います。

いま私たちの身のまわりには、パソコンやスマートフォンなど便利なものがあふれています。情報が瞬時に行き来し、あたかも時間も距離も超越しているかのようで、何事も不便だった昔に比べれば、現代は夢のような時代になっているといえるでしょう。

しかし、技術の革新は確かに私たちの生活を快適で便利にしてくれていますが、それに相反するように、便利になった分、私たちはゆとりの時間を失っているともいえます。

忙しいのは結構なことといえるでしょう。とはいえ、木々や草花あるいは風景などに四季の移ろいを感じる余裕はほしいものです。
四季の変化を知ることは日々の生活にリズムを与えることにつながります。自然と共生してきた私たちの先祖が、四季折々に感じてきた旧暦の知識、現在まで伝わってきた行事や習わしは、多忙な現代人にも多くの楽しみと生活のヒントを与えてくれるにちがいありません。

カレンダーは大変便利なものではありますが、折々に本書を開いて、季節や月ごとに変化する気候や植物などの様子、また、伝えられてきた年中行事などをより身近に感じていただければ幸いです。

二〇一四年十月　神宮館編集部

暮らしのしきたり十二か月

目次

卯月　四月

皐月　五月

水無月　六月

文月 七月

葉月 八月

長月 九月

神無月　十月

霜月　十一月

師走　十二月

和ごよみの背景

知っておきたい人生儀礼のしきたり

時候の挨拶・花ごよみ

睦月（むつき）

一月

睦月の名の由来には諸説ありますが、正月に家族や親戚が往来して、仲良く睦《むつ》み合う月、「むつぶ月」が「むつき」になったという説が有力です。

古くからこの月は「寒の入り」とも呼ばれているように、小寒から大寒に至る一年で最も寒い頃です。

新暦	二十四節気	主な行事
1	冬至	元日
2		
3		
4		
5		
6	小寒	小寒
7		七草・人日の節句
8		
9		
10		十日戎
11		鏡開き
12		成人の日
13		
14		
15		小正月・どんど焼き
16		
17		
18		
19		
20	大寒	大寒・二十日正月
21		
22		
23		
24		
25		
26		
27		
28		
29		
30		
31		

行事や祝日の日付は年によって変動することがあります

正《しょう》月《がつ》

一月一日
五《ご》穀《こく》豊《ほう》穣《じょう》と安全を祈るお祝いの月

正月は一年の始まりで、神道では、その年の新しい神様（年神様《としがみさま》）が家々を訪れ、一年の幸いを授けてくれると考えられています。

年神様は新しい年に実りをもたらし、人々に命を与えてくれる神様であり、またご先祖様であるとも考えられてきました。

このご先祖様が早春には田の神に、秋の収穫後には山の神に、そして正月になると年神様となって里に戻ってくるとされています。

正月という言葉は中国から伝わったもので、旧暦（太陰太陽暦）一月の別称です。

現在は、新暦（太陽暦）の一月を正月と呼んでいます。

正月を表す言葉として「迎春」、「初春」などの祝辞が使われている通り、旧暦の正月は春が始まる、まさに初春・新春の「立春」の頃に行われていました。

正月の一日は新年の始まりの元日、七日は七草粥をいただく人日の節句、十一日は鏡開き、十五日は小正月、二十日は二十日正月と、古くから年中行事が最も多く行われてきた月です。

お正月の飾り物

門松《かどまつ》

新年を祝って家の門に飾られる「門松」には、年神様が最初に降りてこられる依代《よりしろ》の意味と、玄関先を清めて悪鬼や邪気が家に入らないようにする意味があるので、玄関脇に置きます。

三本組の竹を中心に若松を添え、藁《わら》や竹で巻き、一対で飾るのが一般的です。

注連《しめ》飾《かざ》り

「注連飾り」は神様を祀る神聖な場所であることを示します。そのため神社や神棚には、正月に限らず注連《しめ》縄《なわ》が飾られています。注連飾りで囲った内側を神域とし、神社の周りやご神体、ご神木、神棚などに張られます。

　家庭で注連飾りをする時は、古い年の不浄を祓い清めるために玄関に飾るのが一般的で、正月の注連飾りは新たな神様を迎える準備が整ったことを表します。

玉《たま》飾《かざ》り・輪《わ》飾《かざ》り

「玉飾り」は玄関や神棚の下に飾るもので、注連縄を輪の形に結んだものに藁を垂らします。「輪飾り」は玉飾りを簡素にしたもので、水道などの水回りに飾ります。

◆お正月飾りの習わし

門松や注連縄を飾るのは、十二月二十六～二十八日くらいがよいようです。

二十九日は「二重苦」などにつながるとされ、大晦日の三十一日は「一夜飾り」と呼ばれ、飾り付けを避ける風習があります。

お正月《しょうがつ》の生《い》け花《ばな》

正月の生け花に欠かせないのが松・竹・梅です。

一年中葉を落さない常緑樹の松は、永遠の生命を象徴し、竹は正しい節目とまっすぐ伸びる姿が純粋さを思わせ、梅は芳香を漂わせ高潔な花を咲かせるということで、それぞれ縁起がよいとされています。

　また、赤い実をつける千両、万両は名前も縁起がよく、真冬でも美しい花を咲かせる水仙や椿も正月の生け花としてよく使われます。

鏡《かがみ》餅《もち》

「鏡餅」とは、元来正月用の丸餅の呼び名で、丸い形は人の魂、心臓をかたどっていると考えられてきました。

　鏡が魂を示す神器でもあることから、年神様にお供えして食べると、新しい生命力が授かるといわれています。

　鏡餅が二段重ねなのは、月（陰）と日（陽）を重ねて、福が重なることを願うという意味が込められています。

◆鏡餅の飾り方

　飾り方は、基本的には三宝と呼ばれる台の上に奉書紙《ほうしょがみ》か半紙を敷き、裏白《うらじろ》とゆずり葉を置いて餅を重ね、昆布を前に下げて、餅の上に橙《だいだい》を置きます。

鏡餅の飾り方は地方によって異なり、串柿やホンダワラを添えたり、伊勢海老を橙にからませ、水引で結んで乗せたりと、さまざまな飾り方があるようです。

飾り物には、それぞれ次のような意味合いがあります。

鏡餅の飾り物

伊勢海老《いせえび》

海老の中でも最も立派なその姿に、腰が曲がるほどの長寿を願う。

橙《だいだい》

木から落ちずに実が大きく育つことから、家系の代々の繁栄を願う。

裏白《うらじろ》

古い葉とともに新しい葉が伸びてくることから、長命を願うと同時に、葉裏が白いことから後ろ暗さのない一生を願う。

ゆずり葉

新しい葉が大きくなってから古い葉が落ちるので、後々の世代まで長く福が続くことを願う。

昆布

「よろこぶ」という語呂から、いつも喜んでいられる日々を願う。

干し柿

嬉しいことがやってくる「嘉来《かき》」という意味から、幸福をしっかり取り込むことを願う。

元旦《がんたん》

元という字には一番初めという意味があり、旦の字は地平線から昇る太陽を表していることから、「元旦」は正月一日の朝を指す言葉です。

また、元日は、一九四八年（昭和二十三年）に定められた国民の祝日に関する法律によって「年のはじめを祝う日」として国民の祝日になっています。

若水迎《わかみず》え

若水とは、新年の元日の早朝に初めて汲む水のことで、この若水を汲みに行くことを「若水迎え」または「若水汲み」といいます。

若水は年神様に供え、料理のための煮炊きやお茶用として使用し、この水を飲むと一年の邪気を祓うとされてきました。ちなみに、若水迎えの際は、人に出会っても口を利いてはいけないという習わしがあります。

お年玉

昔は、新年を迎えると同時に歳をひとつ重ねる「数え年」で年齢を数え、年神様から神霊的な力（魂）を授かり、新たな生命力が得られることを「御歳魂《おとしだま》」と呼んでいました。

現在は小さなお年玉袋に入れた金銭をお年玉と呼んでいますが、昔は神前に供えたり、みんなで食べたりする丸餅を「年玉」といいました。

お年玉が金銭になったのは、商家などで年少の奉公人に餅代わりに渡したことが始まりという説が一般的です。

ポチ袋

お年玉や御祝儀を入れる小さな紙製の袋のことをポチ袋といいます。

関西地方で、使用人や芸者さんなどに渡す心付け（祝儀・チップ）を入れる「ポチ袋」と呼ばれているものが、いつしかお年玉の袋に使われるようになりました。

お屠蘇《とそ》

「お屠蘇」の「屠」は屠《ほふ》る（退治する）、「蘇」は悪鬼を指し、お屠蘇には悪いものを退治するという意味があります。

山椒《さんしょう》、防風《ぼうふう》（セリ科の多年草）、肉桂《にっき》など、芳香性の強い薬草を合わせた屠蘇散《とそさん》を清酒やみりんに浸して作り、無病息災を祈って飲みます。

屠蘇散は薬局や酒屋で市販されています。

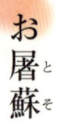

元旦、新年の挨拶を終えたら、祝い膳の前に若い人から順にいただきます。

お雑《ぞう》煮《に》

「お雑煮」に欠かせない餅は慶事や特別な日に食べる「ハレ」の食べ物でした。

　年神様にお供えしたお餅と、他の収穫物をお下がりとしていただき、雑多に煮たものがお雑煮です。お雑煮をいただくことには、神様と一緒に食事をするという大切な儀式の意味合いがあります。

おせち料理

　おせち料理とは「お節供《せっく》」の略で、神様に供える料理のことをいいます。

　もともとは、元日と五節句（人日《じんじつ》、上巳《じょうし》、端《たん》午《ご》、七夕《しちせき》、重陽《ちょうよう》）に食するものでしたが、現在では重箱に詰められた正月用の料理のみを「お節《せち》」というようになりました。

　欠かせない食材は黒豆・数の子・ごまめ（関西ではたたきごぼう）の祝い肴《さかな》の三種です。これに海の幸、山の幸の料理を加えます。

おせちは縁起を担いだ食材を用いるのが特徴で、たとえば、数の子は「子孫繁栄」を、黒豆は「まめに働き、まめになる」、昆布巻きは「よろこぶ」などの意味が込められています。

中身や重箱の詰め方は地域や家庭によって異なり、一の重は甘味、二の重は酢の物、三の重は焼き物、与《よ》の重は煮物が一般的です。

なお､四の重と呼ばず与の重と呼ぶのは､「四」が「死」に通じるとして忌み嫌うためです。

◆祝い箸

正月の祝い膳には、昔から神の宿る霊木とされている柳で作られた祝い箸を使います。両側が細くなっているのが特徴で、これには、片側は神様のもので、神様と一緒に食事をするという意味が込められています。

初詣《はつもうで》

新年になって、初めて神社仏閣にお参りすることを「初詣」といいます。

昔は大晦日から元旦にかけて氏神様に参詣し、一家の主が身を清めて家族の無病息災を祈るのが習わしでした。

現在はどの神社やお寺にお参りしても構わな

いとされますが、本来は、氏神様やその年の恵方《えほう》にあたる神様にお参りするものでした。

初詣は松の内（一月七日まで）に済ませます。

初夢《はつゆめ》

新年になって初めて見る夢を「初夢」といいます。

一般的には元日から二日の朝方にかけて見る夢のことで、縁起がよいとされる初夢は「一富士、二鷹《たか》、三茄子《なすび》」です。

富士は「日本一高い山」、鷹は「高い」の語呂合わせ、茄子は「事をなす」にかけて高い志を意味しています。

宝船と七福神めぐり

元日の夜、縁起のよい初夢を見るために枕の下に宝船の絵を敷いて寝る、という習わしが室町時代にはあったとされています。

当初の宝船の絵は稲穂や米俵をのせた簡素なものでしたが、江戸時代の天保年間あたりから七福神を乗せたきらびやかなものが流行るようになりました。

江戸幕府を開いた徳川家康は、七福神を信仰していたといわれており、その影響から各地に七福神を祀る寺社が建てられ、これを巡ることで福が得られるとされています。

七福神とは、大黒天《だいこくてん》、恵比寿《えびす》、毘沙門天《びしゃもんてん》、弁財天《べんざいてん》、福禄寿《ふくろくじゅ》、寿老人《じゅろうじん》、布袋和尚《ほていおしょう》をいいます。

七福神の起源は仏教の経典にある「七難即滅《しちなんそくめつ》、七福即生《しちふくそくしょう》（七つの災難が消え、七つの福徳が生まれる）」という経文に由来しているとされています。

七福神

大黒天《だいこくてん》
台所の神様です。頭巾をかぶって大きな袋を背負い、打ち出の小槌を持って米俵の上に座っています。

恵比寿《えびす》
海の神、漁業の神、商売繁盛の神様です。風折烏帽子《かざおりえぼし》をかぶり、鯛を釣り上げています。

毘沙門天《びしゃもんてん》
知恵の優れた仏法を守る軍神です。右手に槍、左手に宝珠を持っています。

弁財天《べんざいてん》
芸の才能、財宝を司る神様です。七福神の中で唯一の女性の神様で、琵琶や武器を持っています。

福禄寿《ふくろくじゅ》
長寿と幸福の神様です。小柄で頭が長く、長い髭を生やしています。鶴を従え、経巻を結びつけた杖を持っています。

寿老人《じゅろうじん》
長寿の神様です。福禄寿と同じように経巻を結びつけた杖と団扇を持っています。

布袋和尚《ほていおしょう》
中国・唐の時代の僧侶で、弥勒菩薩《みろくぼさつ》の生まれ変わりともいわれています。大きな布袋を担ぎ、太ったお腹をつきだしています。

書《か》き初《ぞ》め

年が明けて初めて書や絵を書くことを「書き初め」といって、一月二日に書くのが習わしです。昔は若水で墨をすり、学問の神様である菅《すが》原《わら》道《みち》真《ざね》公の画像を掲げて、恵方に向かってめでたい詩歌の句などを書きました。

書き初めで書いたものは左《さ》義《ぎ》長《ちょう》やどんど焼きで燃やし、その炎が高く上がるほど上達するといわれています。

仕《し》事《ごと》始《はじ》め

新年のこと始めは、元日の翌日、書き初めや年始の挨拶などから始まります。「仕事始め」は、三が日後の一月四日が一般的です。

年《ねん》始《し》回《まわ》り

日頃お世話になっている親戚や上司、恩師、仲人などの家を訪問し、挨拶して回ることを「年始回り」といいます。

元日は避け、松の内（七日）までに済ませるようにし、訪問した際には、できるだけ玄関先で挨拶を済ませます。

会社関係の年始の挨拶は、それぞれの業界や会社の慣例に従いますが、営業日初日を避けた上で、一月十五日前後までに訪問します。

「松の内」とは正月の松飾をしておく期間のことです。期間は地方によって異なります。もともとは小正月（一月十五日）までを松の内としており、関西では一月十五日までを松の内としていますが、関東では一月七日までを松の内として考えるようになってきました。

正月遊び

独楽《こま》回し

新春の男の子の遊びとして親しまれています。巻きつけた紐を勢いよく解いて独楽を回転させる遊びです。

たこ揚《あ》げ

糸でたこを操り、どれだけ高く揚がるかを競い合う遊びです。たこ揚げが正月遊びになったのは江戸後期からのことといわれています。

双《すご》六《ろく》

絵が描かれた紙の上にサイコロをふって、出た目だけコマを進め、ゴールを目指す遊びです。

福《ふく》笑《わら》い

おかめやひょっとこなどの輪郭が描かれた紙を敷き、目隠しされた人が、切り抜かれた眉、目、鼻、口などを並べ、顔をつくる遊びです。

かるた 百人一首《ひゃくにんいっしゅ》

読み札と絵札の二種類の札を使って遊びます。百人一首の上の句と下の句を合わせる「百人一首かるた」、いろは歌を用いた「いろはかるた」などがあります。

羽《はね》つき

新春の女の子の遊びです。羽子板で羽根を打ち合います。

人《じん》日《じつ》の節《せっ》句《く》

一月七日

七草粥で新年をお祝いする日

一月七日を「七日正月」といい、朝食に七草を入れたお粥《かゆ》を食べてお祝いをします。

春の七草を入れて炊いたお粥を食べると健康になり、邪気を祓うといわれています。

このお祝いを「人日の節句」といい、江戸時代には五節句のひとつとして重要な行事になっていました。

人日の節句は七草の節句、または単に七草ともいいます。

一月六日の夜から七日の朝にかけては「六日年越し」「六日年取り」と呼び、元日から続いてきた正月の行事を終わらせる日、松の内最後の日として祝われてきました。

人日という名称は、一月一日から六日まで鶏《にわとり》、狗《いぬ》、羊《ひつじ》、猪《いのしし》、牛、馬の順に獣畜の占いを行い、七日目に人の占いを行った、中国古来の占いの風習に由来しています。

ただし、資料によっては、羊と猪が逆になっている占いもあるようです。

七草粥は、正月のごちそうで疲れた胃腸を休ませるのにも都合がよく、理屈にかなっています。

昔からの知恵を感じさせる行事のひとつです。

粥に入れる春の七草は、芹《せり》、薺《なずな》、御形《ごぎょう》、繁《はこ》縷《べら》、仏《ほとけ》の座《ざ》、菘《すずな》、蘿《すず》蔔《しろ》の七種で、「せり なずな ごぎょう はこべら ほとけのざ すずな すずしろ これぞ七草」と古くから歌われています。

野に芽吹く若菜を食し、自然界から新しい生命力を得ることで無病息災と長寿を願います。

春の七草

芹《せり》
独特の強い香りが食欲をそそります。湿地などに自生します。

薺《なずな》
利尿・止血・解熱作用があります。ぺんぺん草の別名です。

御《ご》形《ぎょう》
春に黄色の小さな花をつけます。母子草《ははこぐさ》の別名です。

繁《はこ》縷《べら》
山野に自生する越年草。利尿作用があるといわれます。

仏《ほとけ》の座《ざ》
田など湿地に自生します。別名をコオニタビラコといいます。

菘《すずな》
漬物やおみそ汁の具として食べます。蕪《かぶ》の別名です。

蘿《すず》蔔《しろ》
「清白菜《すずしろな》」という意味で、大根の別名です。

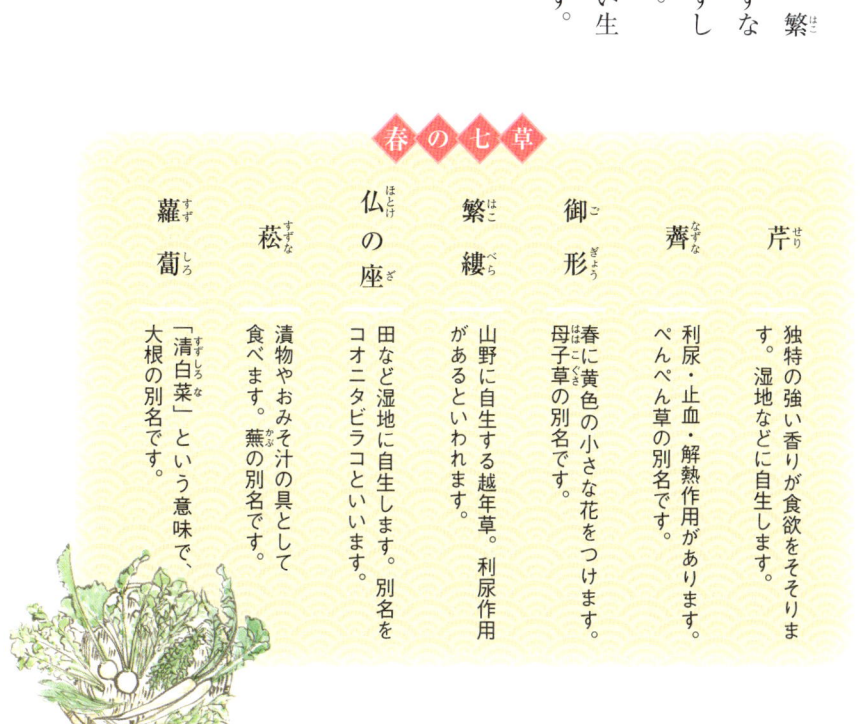

小《しょう》寒《かん》

一月六日頃

新年を迎えて本格的な寒さが訪れる

一年を二十四に分けた節のことを「二十四節気」といい、「小寒」はそのひとつです。

小寒に入ることを「寒の入り」ともいいます。この日から池や川などに張る氷は厚みを増して冬の寒さが強まっていきます。小寒を迎えたら新年の挨拶状は「寒中お見舞い」とします。

現在の暦では正月の後に「寒の入り」を迎えますが、旧暦ではまだ十二月で、小寒より約一か月後に訪れる「立春」が正月にあたります。

正月の祝辞として「迎春」、「初春」といった言葉があるのはその名残です。

十《とお》日《か》戎《えびす》

一月十日

関西で盛んな恵比須様を祀る祭礼

「十日戎」は、商売繁盛の神様として信仰を集めている恵比須《えびす》様を祀る祭礼です。

一月十日の「本戎《ほんえびす》」と、前日九日の「宵戎《よいえびす》」、十一日の「残《のこ》り戎《えびす》」または「残り福」のあわせて三日間にわたって執り行います。

戎神社では縁起物の笹を売る市が立ちます。参詣者は「吉兆」と呼ばれる海や山の幸を象徴する縁起物を束ねた小宝袋を授かって思い思いに笹に付けます。

十日戎は、商いの町として大阪が栄えた豊臣秀吉の時代から、関西地方で盛んに行われるようになりました。関東地方では戎神社はあまり見かけることはなく、この祭礼はあまり馴染みがないようです。

鏡《かがみ》開《びら》き

一月十一日

年神様に供えていた鏡餅を下ろす日

「鏡開き」は、年神様に供えていた鏡餅を割って雑煮やお汁粉にして食べ、一家の円満と繁栄を願う行事です。

武家社会で行われていた習わしが一般家庭に広まったといわれています。

鏡開きでは、「切る」、「割る」という忌み言葉を避けて「開く」といいます。これは「開く」のほうがめでたい正月に合っていて、神様とも縁を切らないという意味が込められているためです。

実際、鏡開きは刃物を使わずに手で割ったり木槌で叩いたりします。

もともと鏡開きは、一月二十日に行われていましたが、この日が徳川家光が亡くなった忌日《きにち》となってしまったために、一月十一日になったともいわれています。

しかし、今でも一月二十日に行う地域もあり、京都や近隣の一部では一月四日を鏡開きの日としています。

小《こ》正《しょう》月《がつ》

一月十五日

正月の間、多忙な主婦をねぎらう

「小正月」は、年神様を迎えるために準備が必要な大正月に対して、農事的な行事を行う日です。豊作を占ったり、養蚕《ようさん》の盛んな地域では繭《まゆ》玉《だま》を作って飾ったりします。

十五日を年明けと考え、一月十四日を「十四日年越し」として年越しを祝う風習もあります。

餅《もち》花《ばな》

小正月には、「餅花」といって餅や団子を小さく丸めたものを木の枝につけて飾り、豊作を祈る習わしがあります。

餅花の色は、以前は白と赤に着色したものだけでしたが、次第に多彩な色合いになっていきました。

現在は、さらに小判やおたふくなどの縁起物をつけた、にぎやかなものが見られるようになっています。

小豆粥

一月十五日の朝に食べるもので、「望《もち》粥《がゆ》」とも呼ばれています。

かつて、中国では小豆粥を炊いて、家族の健康を祈る習わしがありました。それにならって日本でも、一年間の無病息災を祈願し、小豆粥をいただく風習ができました。また、その粥で豊凶を占う「粥占《かゆうら》」を行ったりします。

女正月《おんなしょうがつ》

小正月を「女正月」と呼んで女性たちの骨休めの日にあてる地方もあります。暮れから正月にかけて、忙しく働いた主婦を家事から解放し、ねぎらう意味が込められています。

どんど焼き

「どんど焼き」の由来は平安時代までさかのぼり、宮中行事のひとつとして御所の清涼殿《せいりょうでん》・東庭で行われていました。毬杖《ぎっちょう》と呼ばれる青竹三本を束ねて立てて、その上に扇や短冊を置き、陰陽師《おんみょうじ》が謡いはやしながらそれを焼くという悪魔祓《はら》いの儀式で、次第に民間に広がっていきました。

現在は氏神様の神社の境内や収穫後の田んぼなどで行われるようになり、一年の初めに穢れを祓い、「無病息災」、「五穀豊穣」を祈る行事になっています。

一月十四日の夜、もしくは十五日の朝に火を焚《た》き始め、立ち上る火の中に正月飾り、書き初めなどをくべて燃やします。その火で焼いた餅を食べると、その年の厄から逃れることができるなどといわれています。

二十日正月《はつかしょうがつ》

一月二十日

正月の行事をすべて終える日

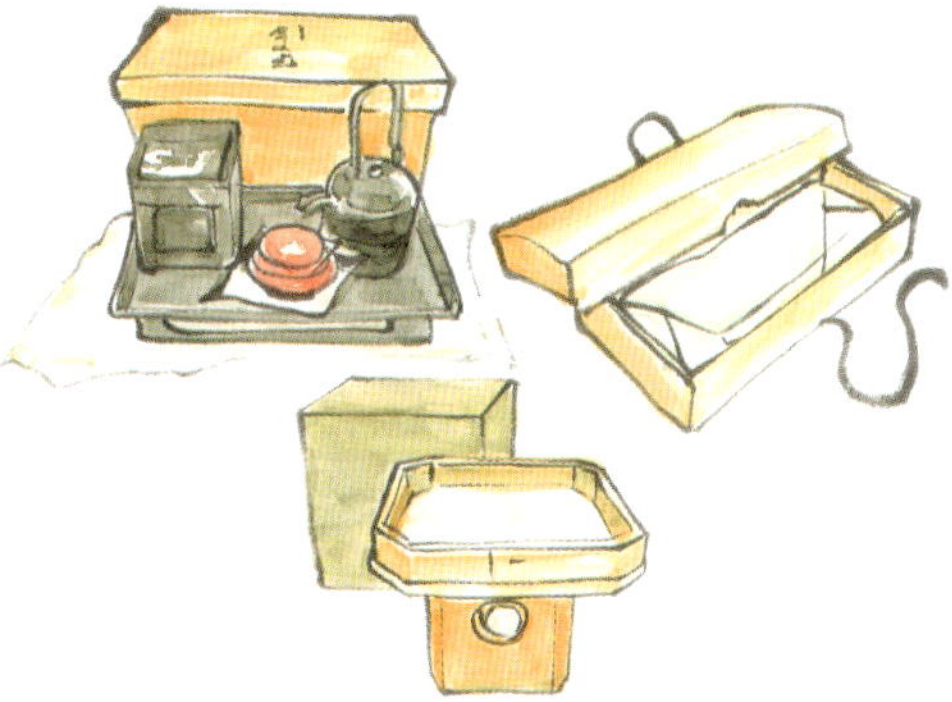

「二十日正月」は、正月にお迎えしていた年神様が、それぞれ元の場所に早朝にお帰りになる日です。

地域によっては、小豆ご飯、尾頭付きの魚などを、前夜にお供えするところがあったようです。

正月に鰤《ぶり》が欠かせない関西地方では、正月に用いた鰤の骨や頭まで食べつくすという意味で、二十日正月を「骨《ほね》正月」、「頭《かしら》正月」などともいいます。正月に使った鰤の骨や頭は酒粕に漬けておき、保存食としても食しました。

また、全国的にこの日は正月の祝い納めとして、仕事を休んで物忌みをすると同時に、正月のお供えや飾り物などをすべて片付けます。

現在、一月十一日に行われる鏡開きも、元来は二十日正月の行事でした。

小正月に実家に帰省していた嫁は、二十日正月には嫁ぎ先に戻るというしきたりもあり、この日で正月の行事のすべてが終わります。

大寒《だいかん》

一月二十一日頃

一年で寒さが最も厳しくなる頃

「大寒」は二十四節気のひとつで、一月二十一日頃にあたります。

寒さがより厳しくなり、小寒と大寒をあわせた約三十日間を「寒の内」といい、一年で最も寒い頃です。

「大寒《おおさむ》小寒《こさむ》　山から小僧が飛んできた」という童謡は、この頃の厳しい寒さを歌ったものといわれています。

大寒が終わる頃に「節分」を迎え、その翌日が「立春」となり、梅の便りもちらほら出始めて、待ちに待った春が到来します。

如月（きさらぎ）

二月

如月の名の由来は、「寒の戻り」などでまだまだ寒く、衣をさらに着込むことから「きぬさらにき＝衣更着」という説が有力です。

そのほか、日ごとに陽気が暖かくなることから「気更来《きさらぎ》」、草木が生え始める月で「生《き》更木《さらぎ》」、「建卯月《けんぼうげつ》」、「梅見月《うめみづき》」、「初花月《はつはなづき》」などの異名もあります。

新暦	二十四節気	主な行事
1	大寒	
2		
3		節分
4	立春	立春
5		
6		
7		
8		こと始め
9		
10		
11		建国記念の日・初午
12		
13		
14		バレンタインデー
15		
16		
17		
18		
19	雨水	雨水
20		
21		
22		
23		
24		
25		
26		
27		
28		
㉙		

行事や祝日の日付は年によって変動することがあります

節《せつ》分《ぶん》

二月三日頃

一年の穢れを祓う年迎えの習わし

本来、節分は春夏秋冬を区切る節目の日のことで、年四回ありましたが、現在では、立春の前日の特称となっています。

昔は、季節の変わり目には邪気が生じると考えられており、節分には鬼や災難を追い払う厄除けとして「追儺《ついな》」の行事が行われました。

節分に追儺が行われるようになったのは室町時代以降で、鎌倉末期までは、十二月晦日《みそか》に行われていました。

また、立春は年の改まる日とされていたので、節分は一年の穢れを祓い無病息災を願う風習とされていました。

節分の前日に大豆を一升枡《いっしょうます》か三方《さんぼう》に入れて神棚に供えます。これを「福豆」といい、当日の日暮れまでに豆を炒ります。

夜になったら家中の戸を開け放ち、鬼を追い出すように「鬼は外、福は内」と二回ずつ繰り返しながら豆をまきます。まき終えたら、福を逃がさないように、窓やドアを閉めます。

その後、それぞれ自分の年齢の数（または数え年の数）だけ豆を食べます。この豆を「年取《としとり》豆《まめ》」といい、一年の無病息災を祈ります。

柊《ひいらぎ》挿《さ》し

鬼の侵入を防ぐために、焼いた鰯の頭を柊の枝に刺し、門口や家の軒下につるす魔除けのおまじないです。

鰯の悪臭は鬼（厄）が嫌うといわれ、トゲのある柊には鬼を寄せ付けないという意味があります。

恵《え》方《ほう》巻《ま》き

比較的新しい風習ですが、関西発祥の、節分の日に「恵方巻き（太巻き寿司）」を食べる習わしが次第に定着しつつあります。

その年の恵方（縁起の良い方角）に向かって、食べ終わるまで何もしゃべらず、切らずに一本食べきると、夢がかない、一年を無病息災で過ごせるといわれています。

恵方は毎年、変わりますので、暦などを見て確認するとよいでしょう。

立《りっ》春《しゅん》

二月四日頃

暦の上では春を迎える日

二十四節気のひとつである「立春」は、季節の変わり目の「節分」の翌日、二月四日頃にあたります。

「立春」を迎えると、暦の上では大寒が明けて、厳しい寒さも徐々に和らぎ、春の気配を感じられる頃とされています。

しかし、暦の上では春といっても、実際には立春の頃が一年で最も寒い時期です。

旧暦では、立春の前後に元日を迎えることもあります。年賀状に「迎春」、「初春」と書かれるのはその名残です。

春一番

立春後に初めて吹く南寄り（東南東から西南西）の強い風を「春一番」と呼びます。気象庁の定義では、立春から春分の間であること、日本海に低気圧があること、南寄りの風で風速八メートル以上あり、風向きが東南東から西南西であること、気温が上昇すること、とされています。そのため、条件が整わず「春一番」が吹かなかった年もあります。

初《はつ》午《うま》

二月最初の午の日

五穀豊穣、商売繁盛を祈願する春祭り

二月最初の午《うま》の日を「初午」といい、稲荷神社に参拝する風習があります。

初午は、京都の伏見稲荷大社の祭神が、奈良時代の七一一年（和銅四年）二月の最初の午の日に、稲荷山に祀られたことに由来しています。

その後、この日は全国各地の稲荷神社の祭り日となっていき、二度目の午の日の「二の午」、三度目の午の日の「三の午」にお祭りが行われる場合もあります。

本来、初午の参拝の目的は、旧暦では農作業を始める時期にあたることから五穀豊穣の祈願が主でした。しかし、最近では開運・福徳・商売繁盛をもたらす祭神として、家内安全・商売繁盛を願うお参りが多くなっています。

伏見稲荷大社では、参拝者が「しるしの杉」を拝受して豊作や幸福を祈願します。

また、稲荷神のお使いであるキツネにちなんで油菓子や油あげをお供えしたり、食べたりする風習も残っています。

こと始め

二月八日

次の農事までの物忌みの期間

二月八日を「こと始め」、十二月八日を「こと納め」といいますが、地方によっては反対に十二月八日をこと始め、二月八日をこと納めとするところもあり、全国で同一に行われない行事のひとつです。

いずれも物忌みの日にあたり、徘徊する魔物たちを退治（もしくは歓待）したり、針を持つことが戒められてきました。

二月八日をこと始めとするのは、武甕槌《たけみかづち》の神が二月八日に出陣し、十二月八日に帰陣したためとする説や、農作業の準備が二月から始まり、農作業の神事が終わるのが十二月だからという説もあります。

反対に、十二月八日をこと始め、二月八日をこと納めとする場合は、「事」が正月に関わる行事と考えられてきたことによります。

また、十二月八日から二月八日までの間は、収穫が終了して、新たに次の農事が始まるまでの物忌みの期間という意味もあります。

針供養

二月八日と十二月八日は「針供養」の日でもあります。

裁縫の上達とケガをしないことを願い、古くなったり、折れたりした針を、豆腐やこんにゃくなどに刺して、神棚に供えたり、川に流したりしました。

地方によって、どちらか一方の日に行うところと、両日とも行うところもあります。また、この日は針仕事で使っている針を休め、女性は裁縫を休む日とされています。

富山県や石川県では「針歳暮《はりせんぼ》」とも呼ばれ、この日は針に触れずに、饅頭や大福を食べたり、知人に贈ったりする習わしが残っています。

次第に家庭で針仕事を行うことが少なくなっていくにつれて、針供養を見かける機会も少なくなっていますが、服飾関係の分野では、この習わしが根付いており、和裁や洋裁の教育機関や企業では現在も針供養が行われています。

裁縫の神様を祀った淡嶋神社

針供養で有名な和歌山県の「淡嶋神社《あわしまじんじゃ》」は、全国にある淡島神社・粟島神社・淡路神社の総本社です。裁縫の神様を祀ったことから、針供養に結びついたとされています。

現在、針供養は裁縫関係者の行事のようになってしまいましたが、明治の中頃までは、全国の女性が裁縫の技術を学んでいたので針供養は盛んに行われていました。ちなみに、淡島神社では人形供養なども行われています。

梅祭り

二月下旬～三月中旬頃

古くから伝わる梅の花を愛でる習慣

奈良時代に中国から梅の木が持ち込まれると、貴族たちが梅の花を愛《め》でるようになり、多くの歌人の題材として詠まれるようになりました。

梅の花が日本の詩歌に登場するようになったのは『万葉集』からです。歌人の大《おお》伴《ともの》旅《たび》人《と》邸で梅見の宴《うたげ》が開かれ、集った歌人たちが多くの歌を詠んだことが『万葉集』の巻五に残っています。

ちなみに、当時、和歌に詠まれた梅は白梅のことで、紅梅を題材として詠まれることはまれであったとされています。

その後、平安時代に入って、桜の花見が主流になっていきますが、梅見も盛んに行われ、紅梅も『源氏物語』や『枕草子』に登場するようになりました。

江戸時代に入ると、梅干し作りが農家の副業になるにつれて、梅の植樹が急増しました。各地に梅の名所が生まれ、梅見は庶民にも親しまれるようになっていきました。

雨《う》水《すい》

二月十八日頃

雪氷が解け、寒暖を繰り返す頃

「雨水」は二十四節気のひとつで、二月十八日頃にあたります。

雨水は「雪が雨になり、根雪が溶けてせせらぎになる」という意味で、春めいた気候に変わり始める頃とされています。

草木の先に、ほんのりと薄緑に色づいた新芽が見られ始め、やわらかな春の日差しを受けて、新しい生命が生まれる頃で、昔から雨水は農作業に取りかかる時期の目安とされてきました。

「春一番」が吹き始めるのも、ちょうどこの頃です。春一番が吹くと、急に春の訪れを感じるようになります。

しかし、春一番が吹いても、「三《さん》寒《かん》四《し》温《おん》」といわれるように、寒い日が三日ほど続いた後に、暖かい日が四日続く、不安定な気候が繰り返されます。

バレンタインデー

日本では、二月十四日の「バレンタインデー」は、女性が男性にチョコレートを贈り、愛の告白をする日として知られていますが、この風習は日本だけのものです。

元来、この日は古代ローマ皇帝のクラウディウス二世の迫害を受けて殉教した司祭、バレンタイン（ヴァレンティヌス）の殉教日で、キリスト教の祭日にあたります。

皇帝が強兵策の一環として若い兵士たちの結婚を禁じたところ、バレンタイン司祭は、それは人間性に反するとして抵抗し、何組もの結婚を取り計らいました。これが皇帝の怒りを買い、二月十四日に処刑されたといいます。

以来、バレンタイン司祭は「愛の守護聖人」として敬愛されるようになり、次第にこの日を「愛の日」として、恋人同士が愛を伝え、カードや贈り物を交換し合うようになったのです。

現在、日本では「義理チョコを配る」という風習も定着し、職場で女子社員が上司や同僚にチョコレートを贈ることも増えました。

また、片思いや両思いに関係なく「好きな男性にプレゼントを贈る」という、日本独自のバレンタインデーの過ごし方も生まれています。

弥生（やよい）

三月

旧暦では、さまざまな草木が芽吹いて花が咲く春たけなわの頃。

「弥生」は「草木弥生月《くさきいやおいづき》」を略した言葉で、草木が「いよいよ生い茂る」という意味の「弥生《いやおい》」が変化した呼び名といわれます。

この他、この月には「桜月《さくらづき》」、「花見月《はなみづき》」、「春惜月《はるおしみづき》」などの異名があり、「春惜月」には過ぎゆく春を惜しむ風情が感じられます。

新暦	二十四節気	主な行事
1	雨水	修二会
2		
3		上巳の節句
4		
5		
6	啓蟄	啓蟄
7		
8		
9		
10		
11		
12		
13		
14		ホワイトデー
15		
16		
17		
18		彼岸入り
19		
20		
21	春分	春分の日・春分
22		
23		社日
24		彼岸明け
25		
26		
27		
28		
29		
30		
31		

行事や祝日の日付は年によって変動することがあります

修《しゅ》二《に》会《え》

三月一日～十四日頃

春の到来を告げる仏教行事

「修二会」は、七五二年（天平勝宝四年）に、東大寺の初代別当である良弁《ろうべん》僧正の高弟、実忠《じっちゅう》和尚によって創始されました。己の罪と穢れを懺悔し、五穀豊穣などを祈願する行事で、旧暦二月一日から行われていたことから修二会と名づけられています。

東大寺二月堂の「お水取り」

最も有名なのが、一二五〇年以上も続いている東大寺二月堂の「お水取り」の名で知られる修二会です。

三月一日から本行が始まり、十四日間にわたって華麗な水と火の行法が展開されます。

十二日の夕刻からお水取りのクライマックスが始まります。信者が奉納した十二本の大きな籠松明《かごたいまつ》を修行僧たちが担ぎ、百余段の石段を駆け上って二月堂の回廊で振り回します。

その火の粉を浴びると災厄が祓われるといわれ、参拝者は先を争うように火の粉を受け、無病息災を祈願します。

「お水取り」の儀式

行中の三月十二日深夜（十三日の午前一時過ぎ）になると、「お水取り」といって、若狭井《わかさい》という井戸から観音様にお供えする「お香水《こうずい》」を汲み上げる儀式が行われます。

また、これに先がけて毎年三月二日に福井県（若狭の国）小浜市の神宮寺において「お水送り」の儀式が行われています。

白装束の僧が巨大な松明を「エイッ、エイッ」とかけ声とともに振り回し、大護摩に火が灯されたあと、住職が送水文を読み上げ、鵜《う》の瀬《せ》から汲み上げられた香水が遠敷川《おにゅうがわ》に流され、この香水が十日後、東大寺二月堂「若狭井」に届くとされています。

上《じょう》巳《し》の節《せっ》句《く》

三月三日

女の子の成長を祝って雛人形を飾る行事

一年の中で節目となる日を節句といいます。伝統的な年中行事を行う暦上の節目の日を指し、縁起がよいとされる奇数が重なる「五節句〈人日《じんじつ》〈一月七日〉、上巳《じょうし》〈三月三日〉、端午《たんご》〈五月五日〉、七夕《しちせき》〈七月七日〉、重陽《ちょうよう》〈九月九日〉〉」は特に重要視され、穢れを祓う行事が行われてきました。

江戸時代に入ると、幕府によって五節句はお祝い日として公に定められましたが、明治になって廃止されます。しかしその後、重要な節目の行事として次第に定着し、現在も受け継がれています。

三月三日の上巳は、もともと三月最初の巳《み》の日を指します。この時期は、桃の花が咲くことから、「上巳の節句」は「桃の節句」とも呼ばれてきました。

流し雛の起源

中国では上巳の日は、忌日《いみび》とされ、不浄・邪気・穢れなどが襲ってくる日といわれてきました。そうした災難を避けるため、中国には川で身を清める禊《みそぎ》の習慣があり、これが日本に伝わってきたとされています。

その後、紙で作った形代《かたしろ》と呼ばれる人形《ひとがた》で体

をなでて穢れを落とし、川に人形を流して厄災を祓う「流し雛」という風習が定着していきました。現在でもこの風習が残っている地域があります。

雛祭り

「雛祭り」は「流し雛」と平安時代の貴族階級の子女が人形で遊ぶ「ひいな遊び」という、ままごとに近い人形遊びが起源とされています。

室町時代には、端午は男児の節句であり、それに対して上巳は女児の節句とされ、江戸時代に入ってだんだん庶民に伝わり、次第に三月三日に、女の子のお祝いの儀式として人形を飾るしきたりが定着していったとされています。

◆雛人形は幸せな婚礼を象徴

雛飾りは、そもそも婚礼を表現したものです。一段目に飾られる男雛と女雛は、内裏《だいり》雛や親王《しんのう》雛と呼ばれ、天皇・皇后の姿を模したものです。

その下の二段目には、婚礼の三三九度の世話をする三人官女、さらにその下には笛や太鼓のお囃子《はやし》でお祝いする五人囃子やお供の随身《ずいしん》、一番下の段には華やかな嫁入り道具が揃い、幸せな婚礼を象徴しています。

内裏雛の並びは、左右が違う地方も

かつては、陰陽道の「男＝陽＝左」という考えから、内裏雛は男女が並んだときの左側（向かって右側）に男雛を飾りました。

その後、文明開化で西洋文化が取り入れられ、大正天皇が即位式で西洋に倣《なら》い右側（向かって左側）に立った影響で、特に関東では右側（向かって左側）に男雛を飾るようになりました。

雛人形は節句が終わった翌日に片付ける

雛人形は、前日に飾る一夜飾りは縁起が悪いとされており、三月三日の二週間ぐらい前から飾るのが一般的です。

また、節句が終わった翌日には片付けたほうがよいといわれています。

これは、いつまでも出しておくと婚期が遅れるとされていますが、片付けの出来ない娘はよいお嫁さんになれないという戒めと、厄を移した形代の雛人形を、雛祭りが終わっても飾っておくのは縁起が悪いという考えに基づいているようです。

雛祭りのご馳走

草餅

雛祭りは「草餅の節句」ともいわれ、欠かせないご馳走になっています。使用されるよもぎは薬草で、邪気を祓う効果があるとされています。

菱《ひし》餅《もち》

菱形は、竜に襲われそうになった娘を菱の実で退治して救ったという、インド仏典の説話に由来しています。使われている三色は、赤が「魔よけ」、白は「清浄」、緑は「邪気を祓う」とされています。

雛あられ

餅や豆などに砂糖をからめて炒ったものです。炒ったときのはぜ具合で、昔はその年の吉凶を占ったといいます。よくはぜると吉、あまりはぜないと凶とされていました。

蛤《はまぐり》のお吸い物

雛祭りのお吸い物に蛤を用いるのは、採った貝類を神様に供えた後に、お下がりとして食べて祝った名残りといわれています。

甘酒 白酒

甘酒は子供でも飲めるように、餅米の粥に麹を加えて作った甘い香りのする飲み物です。白酒は蒸した餅米にみりんや焼酎などを加え、熟成させ、すり潰したアルコール度10％前後のお酒です。雛祭りに飲まれるようになったのは、江戸時代後期からとされています。

啓《けい》蟄《ちつ》

三月五日頃

寒さが和らいで虫たちが這い出してくる頃

「啓蟄」は、二十四節気のひとつで、三月五日頃にあたります。

「蟄」は虫が土の中にこもること、「啓」は「戸を開く」という意味で、気候が暖かくなって、虫たちが地上に這い出してくることを表しています。

春の草花が咲き始め、モンシロ蝶が舞い始めるのもこの頃で、冬眠していたヘビやカエルなども、暖かさに誘われて出てきます。

この頃になると、初雷《はつらい》がとどろき、冬眠中の虫を目覚めさせるので、この雷《かみなり》のことを「虫出しの雷」、「蟄雷《ちつらい》」ともいいます。

社《しゃ》日《にち》

春分・秋分に最も近い戊の日
土地神様に五穀豊穣を祈願・感謝する日

雑節のひとつで、春分・秋分それぞれに最も近い戊《つちのえ》の日を「社日」といい、春の社日は春《はる》社《しゃ》、秋は秋社《あきしゃ》と呼びます。「社」の字が「示」と「土」から成り立っている通り、「社」は土地神様のことで、社日は各地域の神様をお祀りする日のことです。

春の社日は種まきの時期なので、穀物の生育を祈ります。秋の社日は収穫の時期なので、初穂（その年の最初に実った作物）を供えて神様に感謝を捧げます。

土地神様は土地の守護神なので、土地を耕すことは土地神様の頭を掘るのと同じとされていることから、社日には畑の土をいじらず、餅をついて祀ります。

地域によっては、土地神様が巡り歩くのを邪魔しないように、社日に田畑への出入りを禁じているところがあります。

春《しゅん》分《ぶん》

三月二十一日頃

本格的な春の訪れを告げる日

「春分」は二十四節気のひとつで、三月二十一日頃にあたります。太陽の中心が春分点を通過する日で、昼と夜の長さがほぼ等しくなります。

この日を境に昼夜の長さが逆転して、次第に昼の時間が長くなり、春の訪れが本格化していきます。

また、「春分の日」は一九四八年に「自然をたたえ、生物をいつくしむ日」として国民の祝日に定められており、彼岸の中日にあたります。

春分の日は、もともと春季皇霊祭《こうれいさい》と呼ばれ、天皇が歴代天皇、皇后、皇族方の御霊《みたま》を祀る祭儀が執り行われてきました。

ちなみに「秋分の日」の場合に行われる祭事は「秋季皇霊祭」といいます。

春のお彼《ひ》岸《がん》

春分を中心とした前後三日間（計七日間）

七日間にわたる法会（彼岸会《ひがんえ》）の行事

「春分の日」と「秋分の日」の、それぞれ前後三日間の計七日間が「彼岸」です。

最初の日を「彼岸入り」、最終日を「彼岸明け」と呼び、この頃になると「暑さ寒さも彼岸まで」の例え通り、一年の中でも過ごしやすい気候になります。

「彼岸」は生死を超越できない人間界（此岸《しがん》）の煩悩を解脱して、悟りの境地である来世（彼岸）に渡ることをいいます。

お彼岸に墓参りをするのは、春分・秋分には太陽が真西に沈むことから、阿弥陀仏を礼拝するのにふさわしいこととされているためです。

◆「ぼた餅」と「おはぎ」は同じもの？

春には豊作を祈願して、秋には収穫を感謝して「ぼた餅・おはぎ」を仏様にお供えする習慣が定着していったようです。

その名の違いについては、春は牡丹の季節なので「ぼた餅」、秋は萩の花の季節なので「おはぎ」と呼ばれるようになったともいわれています。

また、こし餡《あん》を使ったものをぼた餅、粒餡やきな粉を使ったものをおはぎと呼ぶなど、地方や時代によっても呼び方が異なるようです。

ホワイトデー

「ホワイトデー」とはバレンタインデーから一か月後の三月十四日に、女性からチョコレート等を贈られた男性が、クッキーやキャンディ、マシュマロやマカロンなどの菓子を返礼として贈る習慣です。

もともとは菓子業界が売り上げ向上を目的に設定した記念日と言われていますが、最近では菓子だけでなく、アクセサリーやシャンパンなど高価な贈り物をするケースも増えています。

この習慣は日本で生まれ、近年では中国、台湾、韓国など一部の東アジアの国に定着し始めています。

卯月

（うづき）

四月

旧暦では、「卯月」は「卯《う》の花」が咲く頃で「卯の花月」を略した呼び名といわれています。

また、卯月の「う」は、「初《うい》」、「産《うぶ》」を意味することから、農耕の始まりを表すなどの説があります。

旧暦ではこの月から夏が始まるので、「花《はな》名残月《なごりづき》」、「夏初月《なつはづき》」などの異名もあります。

新暦	二十四節気	主な行事
1	春分	
2		
3		
4		
5	清明	清明
6		
7		
8		花まつり
9		
10		
11		
12		
13		十三詣り
14		
15		
16		
17		
18		
19		
20	穀雨	穀雨
21		
22		
23		
24		
25		
26		
27		
28		
29		昭和の日
30		

行事や祝日の日付は年によって変動することがあります

花見《はなみ》

四月上旬～五月上旬頃

奈良時代以前からあった豊作祈願の習わし

花見の起源については二つの説があります。

ひとつは奈良時代の貴族の間で催された「花《はなの》宴《えん》」に由来する説で、これは中国の唐王朝の文化にならって、梅の花を観賞しながら歌を詠む催しでした。

平安時代に入り、嵯峨《さが》天皇が八一二年に神泉《しんせん》苑《えん》で「花宴」を催したとされていますが、この時にはすでに梅から桜を愛でるようになっていたようです。その後、八三一年に「花宴」は宮中の定例行事とされ、その様子は『源氏物語』などにも書かれています。

もうひとつの説は、奈良時代以前にさかのぼります。

古代の農村では稲の成長を司る神様が信奉され、桜が神様の到来（田植えの始まり）を告げる重要な役割を果たしていたことから、桜の木にお供え物をして一年の豊穣を願ったことに由来するという説です。

醍醐《だいご》の花見

歴史的な花見としてよく知られているのが、一五九八年の春に豊臣秀吉によって催された「醍醐の花見」です。

京都の醍醐に七百本の桜を植え、豊臣家の重臣、諸大名などを従えて、大々的に行われたこの花見は、盛大かつ華麗なものだったと伝わっています。

◆桜の植樹を奨励した江戸時代の将軍たち

江戸時代に入って、三代将軍家光《いえみつ》から八代将軍吉宗《よしむね》にかけて、将軍たちが桜の植樹を奨励したことから、江戸の各地に桜の名所が次々に誕生し、庶民の間にも花見が広まっていきました。

上野の山は三代将軍家光の命で、向島（関東大震災で消失）は四代将軍家綱の命で、小金井堤は三代から八代将軍吉宗の命で、桜の名所になりました。

野《の》遊《あそ》び（磯《いそ》遊《あそ》び）

四月上旬〜下旬頃

農業や漁業の繁忙期前の物忌みの日

現在は行楽の意味合いが強くなっていますが、昔から農業や漁業が忙しくなる前に、春の一日を物忌み（心身を清め不浄を避けること）の日にあてる習わしがありました。

この日は、野遊び（磯遊び）で過ごすとともに食事の宴を開きます。

これは田の神様や海の神様を招いてお供えをし、自らも神様と同じものをいただくことで神様との結びつきが強くなり、加護が受けられると考えられてきたためで、この飲食のことを「直会《なおらい》」といいます。

野遊びとしては、ふきのとう、つくし、よもぎ、ぜんまい、たらの芽などの野草や山菜を摘んだり、野花を手で摘むことが多いようです。

また、磯遊びには、ハマグリやアサリを採る潮干狩りが代表格とされています。

清《せい》明《めい》

四月五日頃
大地が緑豊かに活気あふれる頃

「清明」は二十四節気のひとつで、四月五日頃にあたります。

青空が広がり、野原には花が咲き乱れ、木々の緑が色鮮やかになって、大地が活気であふれる頃です。

清明は「清明参り」ともいわれ、中国から伝わった清明の風習と沖縄古来の先祖祭祀が結びついて伝承された行事です。

中国では、この日は祖先の墓を参り、草むしりをして墓を掃除するのが習わしで、「掃墓節《そうぼせつ》」とも呼ばれ、日本ではお盆に当たる年中行事です。

沖縄県では「シーミー」（首里地方では「ウシーミー（御清明）」）と発音し、「清明祭」ともいい、中国の風習と同様にお墓の掃除をするとともに墓参を行い、親戚の人々が一堂に会して、墓前で祖先とともに食事をする習わしです。

花《はな》まつり

四月八日
お釈迦様の誕生日を祝う行事

「花まつり」は、仏教の始祖であるお釈迦様が誕生した日をお祝いする行事で、正式には「灌《かん》仏会《ぶつえ》」もしくは「仏生会《ぶっしょうえ》」といいます。

実は、お釈迦様の誕生日は明らかでないものの、仏典に基づいて四月八日（関西方面では月遅れの五月八日に行うところもあります。）を花まつりの日に定めたとされています。

当日は、各寺院には花で飾った小さなお堂「花御堂《はなみどう》」が設けられ、その中央の水盤上に誕生仏（小さなお釈迦様の像）が安置されます。

参詣者は、花御堂の誕生仏に柄杓《ひしゃく》で甘茶をかけ、甘茶を飲んで無病息災を祈ります。

花まつりの由来

花御堂は、お釈迦様の生誕地の花園を模したもので、誕生仏は、お釈迦様が生まれてすぐに七歩歩いて右手で天を、左手で地を指して「天《てん》上《じょう》天《てん》下《げ》唯《ゆい》我《が》独《どく》尊《そん》」と唱えた故事に由来します。

また、甘茶かけは、お釈迦様が誕生する瞬間、誕生を喜んだ九頭竜《くずりゅう》が天から清らかな水を吐き注ぎ、お釈迦様の体を清めたという伝説に基づく習わしです。

十《じゅう》三《さん》詣《まい》り

四月十三日
虚空蔵菩薩に知恵を授かる行事

「十三詣り」は、旧暦の三月十三日に数え年で十三歳になった子供が、虚空蔵菩薩《こくうぞうぼさつ》を祀る寺に参詣し、福徳や知恵を授かる行事です。現在では月遅れの四月十三日に行うことが多いようです。

　虚空蔵菩薩には、これらを授ける霊力があるとされていて、十三詣りを「知恵もらい」ともいいます。

　十三歳という年齢は古来、人生の大切な節目とされ、成人儀式の行われる時期でした。そのため十三歳の子供がお参りに行き、十三品のお菓子をいただいたりする風習が定着しました。

　また、せっかく授かった知恵を虚空蔵菩薩に返してしまわないように、参詣後には後ろを振り向いてはいけない、という言い伝えがあります。

　十三詣りのお寺として知られている京都・嵯峨の法輪寺を初め、奈良の弘仁寺、東京の浅草寺など各地で十三詣りが行われていますが、この行事は主に関西地方で盛んなようです。

穀《こく》雨《う》

四月二十日頃

田畑の準備が整い、春の雨の降る頃

「穀雨」は二十四節気のひとつで、春の季節では最後の節気になり、四月二十日頃にあたります。

「穀雨」とは、田畑の準備が整い、それに合わせて穀物の成長を助ける雨が降る様子のことで、『暦便覧《こよみべんらん》』には「春雨降りて百穀を生化すればなり」と記されています。

花が散り、過ぎゆく春を惜しむ頃で、細かな春雨が降る日が多くなります。

穀雨が終わる頃（立夏直前）には八十八夜を迎えます。

この頃になると変わりやすい春の天気も安定し、日射しが強まって初夏の訪れが感じられるようになります。

皐月

（さつき）

五月

「皐月」は、田植えが始まる頃なので「早苗《さなえ》月《づき》」を略した呼び名といわれています。また、耕作を意味する古語の「さ」に、「神にささげる稲」という意味がある「皐」を当てたという説もあります。

この他、この月には「雨月《うげつ》」、五月雨《さみだれ》で月が見えないことから「月不見月《つきみずつき》」などの異名があります。

新暦	二十四節気	主な行事
1	穀雨	
2		八十八夜
3		憲法記念日
4		みどりの日
5		こどもの日・端午の節句
6	立夏	立夏
7		
8		
9		
10		母の日
11		
12		
13		
14		
15		
16		
17		
18		
19		
20		
21	小満	小満
22		
23		
24		
25		
26		
27		
28		
29		
30		
31		

行事や祝日の日付は年によって変動することがあります

八《はち》十《じゅう》八《はち》夜《や》

五月二日頃
江戸時代に生まれた日本独自の暦日

「八十八夜」は、立春の日から数えて八十八日目になり、五月二日頃にあたります。「米」の文字を分解すると「八十八」となることから、農家にとってこの日は特別な意味を持ちます。

古くから農家では春霜の終わりとしていて、「八十八夜の別れ霜」と呼んでおり、この日を境に、霜《そう》害《がい》が少なくなり、種まきに最適な時期になります。

八十八夜は「夏も近づく八十八夜～♪」と唱歌にも歌われているように、この頃新茶（一番茶）の茶摘みの最盛期を迎えます。

また、八十八夜は、一六八五年に渋川春海《はるみ》によって編纂された「貞享《じょうきょう》暦《れき》」に正式に採用された日本独特の暦日です。

農家にとっても幕府にとっても霜害は恐ろしいものだったため、注意を促す意味で暦に記載されたといいます。

端《たん》午《ご》の節《せっ》句《く》

五月五日

男の子の成長を祝って立身出世を願う行事

「端午の節句」の「端午」とは「月の最初の午《うま》の日」という意味です。

古代中国では、旧暦五月は物忌みの月とされ、なかでも五日は「五」が重なることから「重五」と呼ばれて、邪気を祓う行事が行われてきました。

これが日本にも伝わり、田植え前の早乙女《さおとめ》たち（田植えの日に苗を植える女性）の祭り（菖《しょう》蒲《ぶ》とよもぎでふいた屋根の下で身を清め、厄を祓うという祭事）と融合して、端午の節句になったといわれています。

鎌倉時代頃から、菖蒲が尚武《しょうぶ》と同じ読みであることなどから、男の子の成長を祈る儀式へと変化したと考えられていますが、端午の節句が男の子の祭りへと本格化していったのは、江戸時代頃からといわれています。

現在でも、男の子のいる家では、鯉のぼりや武者人形などを飾り、ちまきや柏餅を食べて、その成長を祝い、立身出世を願う習わしが続いています。

端午の節句の祝い物

鯉のぼり

江戸時代に始まった習慣で、鯉が滝をのぼって竜になるという中国の故事から、男の子の立身出世を願って庭先に鯉のぼりを飾ります。

鯉のぼりの一番上につける「吹き流し」の色は、古代中国から伝わる五行説を元にしており、緑（青）、赤、黄、白、黒の五色が合わさると魔除けになると信じられていました。

五月人形

端午の節句の内飾りとしては、五月人形を飾ります。強くたくましく育って欲しいという願いと、厄災から子供を守って欲しいという願いから、鎧《よろい》や兜《かぶと》などの武具も一緒に飾るようになったといわれています。

●金太郎

平安時代の武将・坂田金時。子供の頃は「金太郎」と呼ばれ、熊と相撲《すもう》を取るほど元気な子供でした。成長して都にのぼると源《みなもとの》頼光《よりみつ》とともに大江山の酒呑童子《しゅてんどうじ》を退治したという話があります。この金太郎にあやかり、元気で丈夫な子に育つようにと願いを込めて飾ります。

柏餅

若い葉が出ないと古い葉が落ちないという柏の葉の縁起を担ぎ、跡継ぎが絶えないようにという意味で食します。

ちまき

ちまきは、笹の葉やかやの葉で餅米を包んで蒸したもので、中国戦国時代の楚国《そこく》の忠臣といわれた屈原《くつげん》の命日に、その霊が現われて「米はチガヤの葉で包んで、糸で結んでほしい」といったことに由来する食べ物です。

菖蒲

菖蒲は薬草で、病気や厄災を祓う魔除けの効果があると考えられていました。

端午の節句に、菖蒲を軒先に飾ったり、枕の下に敷いて寝る習わしが現在も残っています。また、菖蒲酒を飲んだり、菖蒲湯に入ると疲れがとれるとされています。

母の日

「母の日」は、一九〇七年にアメリカ人のアンナ・ジャービスという女性が母の命日を追悼する会を教会で開いた際に、参列者に白いカーネーションを贈ったのが始まりとされています。

これを知ったデパートの経営者が「母の日の礼拝」を広めたといわれています。

そして、多くの人たちが「母親を大切にする気持ちや感謝する気持ち」をアメリカ議会に対して働きかけたことが功を奏し、一九一四年に、当時のウィルソン大統領が五月の第二日曜日を「母の日」と制定しました。

これをきっかけに、「母の日」に感謝の気持ちを表して、母親にカーネーションやプレゼントを贈るようになったとされています。

立《りっ》夏《か》

五月五日頃

夏の日射しを感じる走り梅雨の頃

「立夏」は二十四節気のひとつで、五月五日頃にあたります。

『暦《こよみ》便《べん》覧《らん》』（一七八七年出版された暦の解説書）に「夏の立つゆへなり」と記されているように、「立夏」は「夏立つ」として夏の訪れを告げ、暦の上ではこの日から立秋の前日までが夏となります。年間を通して最も爽やかな頃で、気持ちの良い季節の風が吹き、晴天が続いて外出には最適な気候になります。

初夏の気配が漂い、次第に日射しが強まって、天気がぐずつく「走り梅雨」のシーズンでもあります。

このあとに梅雨入りし、本格的な夏は梅雨が明けてからやってきます。

九州地方では麦が穂を出し、北海道ではジャガイモや豆の種まきが始まり、全国各地で田起こしや田に水の張られる頃です。

初夏の三大祭り

五月中旬

夏の訪れを告げる伝統行事

神田祭《かんだまつり》（隔年五月中旬）

「神田祭」は東京の神田明神の祭りです。日枝《ひえ》神社の「山王祭《さんのうまつり》」とともに、祭礼の行列が江戸城内に入ることを許された「天下祭り」として知られ、両祭りは隔年で交互に行われています。

浅草三社祭《さんじゃまつり》（五月中旬）

「三社祭」は、東京の浅草神社の例大祭です。三社祭の初日には、五穀豊穣や商売繁盛、子孫繁栄を祈願して「びんざさら舞」が行われ、土・日曜日には氏子による神輿《みこし》の連合渡御《れんごうとぎょ》や本社神輿の渡御などが行われます。

葵祭《あおいまつり》（五月十五日）

「葵祭」は別名、賀茂《かも》祭《まつり》とも呼ばれる、京都の上賀茂神社・下鴨神社の例祭で、六世紀に朝廷が豊穣祈願したのが始まりです。牛車《ぎっしゃ》などを葵の葉で飾り、平安時代の装束で、京都御所から上賀茂神社まで行列する姿は見物です。

小《しょう》満《まん》

五月二十一日頃

万物が成長して麦畑が黄緑色に色づき出す頃

「小満」は二十四節気のひとつで、五月二十一日頃にあたります。

『暦《こよみ》便《べん》覧《らん》』に、この頃のことを「万物盈《えい》満《まん》すれば、草木枝葉繁る」と記されているように、陽気が良くなって、万物が次第に成長して天地に満ち始めることから「小満」といわれるようになったとされています。

また、麦畑が黄緑色に色づき出すので、この頃を「麦《ばく》生《しょう》日《び》」ともいいます。旧暦四月（小満の頃）には「麦《ばく》秋《しゅう》（むぎあきとも読む）」という異名がありますが、これは夏とはいえ、麦にとっては実る秋という意味で名付けられたといいます。

ようやく暑さも加わり、麦の穂が育ち、山野の草木が実を付け始めます。西日本では「走り梅雨」がみられるようになって、この時期が過ぎると梅雨を迎え、田植え仕事に追われる「芒《ぼう》種《しゅ》」の節に入ります。

水無月（みなづき）

六月

六月は梅雨の時期ですが、旧暦では梅雨明けの酷暑の頃。

厳しい日照りが続いて水が涸《か》れる月ということから「水無月」という説や、田んぼに水を張った状態の「水の月」が変化した呼び名という説もあります。

雨が降り、紫陽花《あじさい》が色鮮やかになる頃で、農家は田植えの最盛期を迎えます。

新暦	二十四節気	主な行事
1	小満	衣替え
2		
3		
4		
5		
6	芒種	芒種
7		
8		
9		
10		
11		入梅
12		
13		
14		
15		
16		
17		
18		
19		
20		
21		
22	夏至	夏至
23		
24		
25		
26		
27		
28		
29		
30		夏越の祓

行事や祝日の日付は年によって変動することがあります

衣《ころも》替《が》え

六月一日
公家社会・武家社会の風習の名残り

「衣替え」は季節に応じて衣服を着替えることをいい、昔は物忌《ものい》みの日に行う祓えの行事として日が定められていました。

平安時代の宮中では、旧暦四月一日に冬装束を夏装束に、旧暦十月一日に夏装束を冬装束に、調度品とともに改めるしきたりがありました。

現在では一般的に、学校や企業などが六月一日と十月一日に衣替えを行いますが、これは公家社会・武家社会の風習の名残りです。

また、今は気候に合わせて何を着ても自由ですが、和服の世界では現在も約束事として、衣替えの習慣が守られています。その日の気温などにかかわらず、六月一日からは「単《ひとえ》」、十月一日からは「袷《あわせ》」というのが習わしです。

最近では、男性の場合、夏場はクールビズとしてネクタイをはずした服装も徐々に定着しつつあります。

芒種《ぼうしゅ》

六月五日頃
ホタルが飛び交い、田植えを始める頃

「芒種」は二十四節気のひとつで、六月五日頃にあたります。

芒種の「芒」とは、イネ科の植物の穂先に付いている硬い毛のことをいい、芒種は稲や麦など、穂の出る穀物の種をまく時期を指します。

芒種は一般的に田植えを始める頃とされていますが、実際には、稲の種まきはこれより早い時期から行われています。

ホタルが飛び交い、梅の実が黄ばみ始め、カマキリが現れ始める頃でもあります。

かつて田植えは、豊作を祈願して田の神を祭り、早乙女と呼ばれる女性たちが厄除けをしたあとに行われていました。

その田植えの神事から発生した芸能が、田楽《でんがく》といわれています。

入《にゅう》梅《ばい》

六月十一日頃

農作物に欠かせない恵みの雨が降る頃

二十四節気の夏至を中心として約三十～四十日間、梅雨の時期に入ります。

この梅雨に入った最初の日を「入梅」といいます。六月十一日頃にあたり、農家ではこの日を梅雨入りの目安にしてきました。正確な日取りは気象庁の梅雨入り宣言に準じます。

この時期は農作物にとっては欠かせない雨に恵まれ、各地で田植えが行われます。

入梅の名称は、梅の実が熟す頃に雨期に入るところからきていますが、カビがはえやすい時期であることから「黴雨《ばいう》」が語源であるという説もあります。

梅雨時の雨の呼び名

- **走り梅雨、迎え梅雨、梅雨の走り**…梅雨入り前のぐずついた日に降る雨。
- **五月雨《さみだれ》**…旧暦五月の長雨。
- **空梅雨《からつゆ》、早梅雨《ひでりつゆ》**…雨が少ない梅雨。
- **戻り梅雨、返り梅雨、残り梅雨**…梅雨け後に再び雨が降り続くこと。
- **青葉雨、翠雨《すいう》、緑雨**…初夏の青葉をつややかに見せる雨。
- **瑞雨《ずいう》、甘雨《かんう》**…穀物や草木を潤す雨。

夏至《げし》

六月二十一日頃
一年中で最も昼間が長くなる日

「夏至」は、一年の中で最も昼間が長くなる日で、梅雨の長雨が続き、農家は田植えで多忙になる時期です。

田植えは、早いところでは五月、平均して六月上旬から中旬にかけて行われるところが多く、水田に若緑の苗が広がっていく様子は、田園地帯ならではの趣があります。

夏至に、大阪の一部では稲の根がタコの足のように深く広く張ることを祈願して、半夏生《はんげしょう》（夏至から十〜十一日目）までの間にタコを食す風習があり、また、関東地方には新小麦で焼餅を作って神様に供える風習が伝わっています。

父の日（六月の第三日曜日）

「父の日」は、「母の日」が盛んになりつつあった一九〇九年に、アメリカのジョン・ブルース・ドット夫人が、男手ひとつで六人の子供を育て上げた父を思って記念日を提案したことに由来します。その後、一九一六年にウィルソン大統領による演説で「父の日」は広く知られるようになり、一九七二年、当時のニクソン大統領が記念日として制定しました。

夏越《なごし》の祓《はらい》

六月三十日
半年ごとに穢れを祓い清める行事

六月三十日と十二月三十一日は、半年の間についた国家や万民の罪や穢れを祓うために「大祓」という神事が行われてきました。六月は「夏越の祓」、十二月三十一日は「年越の祓」といいます。

奈良時代には、親王と大臣、従五位以上の役人が宮中の朱雀門に集ってこの儀式が行われたと伝わっています。現在も宮中を初め各神社で行われていますが、一般的には神社からいただく紙片の形代《かたしろ》に身の穢れを移し、これを大祓《おおはらえ》の当日、神社に持っていき、祓い清めてもらうと罪や穢れが祓われるといわれています。

茅《ち》の輪《わ》くぐり

六月の大祓では、「茅の輪」と呼ばれる茅《かや》（茅草）を束ねた輪を社前に設けている神社があります。この輪をくぐると身が清められ、疫病や罪が祓われるとされています。地方によってやや異なりますが、茅の輪は左回り、右回り、左回りと八の字に三回くぐるとよいとされている習わしです。

文月

（ふみづき）

七月

七月は稲穂が育つ頃であることから、「文月」という呼び名は「穂見《ほみ》」や「含み」に由来し、「穂含月《ほふみづき》」から転じたといわれています。また、七夕行事にちなんで短冊に願い事を書いたことから「文」の字を当てたという説もあります。

その他、文月には「七夕月」、「棚機月《たなばたつき》」、「女郎花月《おみなえしづき》」、「涼月《りょうげつ》」などの異名があります。

新暦	二十四節気	主な行事
1	夏至	山開き
2		半夏生
3		
4		
5		
6		
7	小暑	小暑・七夕
8		
9		
10		
11		
12		
13		
14		
15		ぼん
16		
17		
18		
19		
20		海の日・土用
21		
22		
23	大暑	大暑
24		
25		
26		
27		
28		
29		
30		
31		

行事や祝日の日付は年によって変動することがあります

山開き

七月一日

山岳信仰で限られていた登山の解禁

昔から日本には山岳信仰が根付いており、山には神霊が宿るとされてきました。

神聖視されていた山に登ることは修行と同じ意味を持っていたので、通常、山には修験者しか立ち入ることができませんでした。

その禁を解き、夏の一定期間のみ、一般の人々にも登山を許可するようになった解禁日を「山開き」と呼んでいます。

七月一日の霊峰富士の山開きには、一般の登山者のほか、全国各地から金剛杖《こんごうづえ》を持った白装束姿の行者が集まり、「六根清浄《ろっこんしょうじょう》」と唱えながら登り始めます。

川開き・海開き

「川開き」や「海開き」も、沖縄などの地域を除いて、七月一日に行われることが多いようです。その際には、水難事故などが起きないように安全祈願をします。川開きは、川辺での遊びや舟遊びの解禁日、海開きは、海水浴や海辺でのレジャーなどの解禁日のことです。

半夏生《はんげしょう》

七月二日頃

田植えを終える梅雨明けの頃

「半夏生」は、夏至から十～十一日程経過した七月二日頃で、実際にはその年の天候や地方によっても異なりますが、一般的に「梅雨明け」になる時期です。

半夏とは生薬となる植物の烏柄杓《からすびしゃく》のことをいい、半夏生という呼び名は、この薬草が生える時期からきているといわれています。

半夏生は田植えを終える大切な節目になることから、青森県には半夏生を過ぎて田植えをすると、一日に一粒ずつ収穫が減ってしまうというい伝えがあるほどです。

この繁忙期を乗り越えると、農家では田の神を祭り、麦団子やお神酒《みき》を供える習わしがあり、農作物の無事を祈って物忌みをする風習も残っています。

小《しょう》暑《しょ》

七月七日頃

梅雨が明けて蓮の花が咲き始める頃

「小暑」は二十四節気のひとつで、夏至から数えて十五日目頃になり、七月七日頃にあたります。

梅雨が終わる頃で、集中豪雨に見舞われることもありますが、梅雨が明けると暑さが次第に厳しくなっていきます。

強い日射しとともに気温が一気に上がる時期なので、熱中症などにかからないよう、体調には気を配る頃でもあります。

また、「暑中見舞い」を出す場合は「小暑」から「大暑」の間に先方に着くように出すのが礼儀です。

「暑中見舞い」は、常々ご無沙汰している人に送る夏の挨拶状。立秋（八月七日頃）を過ぎて送る場合は「残暑見舞い」とします。

七《たな》夕《ばた》

七月七日
中国の星伝説と日本古来の伝説から生まれた行事

「七夕」は、中国の星伝説、日本の棚機女《たなばたつめ》（神様を迎えるために神衣を織る乙女）を信仰する祭事、そして、日本古来の禊《みそぎ》やお盆の習わしが融合して生まれた行事です。宮中で行われたのが始まりとされ、七夕を「タナバタ」と読むのは、棚機女を信仰する祭事に由来します。

七夕の夜は、笹竹に願い事を書いた色とりどりの短冊や飾り物をつるし、軒端《のきば》などに飾る「銀河祭り」、「星祭」として知られています。

しかし実際にはこの時期、天の川がよく眺められないことから、一か月遅れの八月七日に七夕を行う地域もあります。

星伝説

機織りばかりをする娘の織女《しょくじょ》を心配した天帝が、働き者といわれる牛飼いの牽牛《けんぎゅう》と引き合わせました。

ところが、ふたりは恋に夢中になりすぎて仕事をしなくなったため、天帝の怒りを買い、天

の川の両岸に引き離されてしまいました。
しかし、ふたりがあまりにも悲しんだため、一年に一度だけ七夕の夜に会うことが許されたというのが後漢時代に生まれた星伝説です。
織女はこと座のベガ、牽牛はわし座のアルタイルのことで、和名では「織姫《おりひめ》」、「彦星《ひこぼし》」と呼ばれています。
また中国には、七夕の夜に、天の川に鵲《かささぎ》が羽を連ねて橋をかけ、両岸に別れたふたりを引き合わせるという伝説もあり、織姫と彦星が踏み渡るため、七夕になると鵲の首の毛が抜け落ちるといわれています。

乞《きっ》巧《こう》奠《でん》と棚機女

「乞巧奠」は、牽牛・織女の願いが叶う七夕の日にあやかって祈る祭りです。

織女は機織りの仕事を司ることから、七夕の夜に供えものをして、短冊に歌や文字を書いて裁縫や書道の上達を祈願しました。

「棚機女」は、水辺に張り出した棚の上で、神様のために美しい衣を織る乙女のことで、奈良時代から棚機女を信仰する祭事がありました。

この二つの祭りが融合して七夕祭になっていったともいわれています。

七夕飾り

七夕の日に短冊に願いを込めて祈る風習は、すでに平安時代から行われていたといいます。以降、江戸時代になると、幕府が七夕を年中行事のひとつに定めたことから、「七夕飾り」は武家の間で盛んに行われるようになり、庶民の間にも習い事や習字の上達を願う風習として広がっていきました。

短冊の赤・青・黄・白・黒色は、中国の陰陽五行説に基づくもので、五色には魔除けの意味があります。

七夕送り

「七夕送り」は、七夕飾りやお供え物を海や川に流して穢れを祓う習わしで、天の川に流れ着くと願い事が叶うとされています。

また、七夕は先祖の霊を迎える「お盆」と深く関わっていて、七夕の日に子供や家畜に水浴びをさせる「ねむた流し」、八月に行われる東北地方の「ねぶた」などの祭りも、お盆前に身を清めておく禊《みそぎ》の習わしです。

お中《ちゅう》元《げん》

七月〜八月上旬

日頃お世話になっている方への贈り物

「お中元」は、日頃お世話になっている方々に挨拶をかねて贈り物をすることをいいます。

この習わしは、中国の道教の「三元節《さんげんせつ》」のひとつを起源とし、日本のお盆と結びついたものとされています。

「三元節」の「三元」とは、一月十五日の「上元《じょうげん》」、七月十五日の「中元」、十月十五日の「下元《かげん》」のことで、いずれの日も神様に供物を献上して祝う習わしがありました。

この三元節が日本に伝わって、七月十五日の中元がお盆の時期と重なったことから、先祖の供養とともに、親戚や知人、仕事関係でお世話になっている人などに品物を贈る風習が生まれました。

お中元を贈る時期は、関東地方では六月末から七月十五日頃とするのが一般的です。これを過ぎたら「暑中見舞い」、立秋（八月七日頃）以降は「残暑見舞い」として贈ります。月遅れでお盆を行う関西や東北などでは、七月下旬から八月上旬に贈ることが多いようです。

祇《ぎ》園《おん》祭《まつり》・天《てん》神《じん》祭《まつり》

七月一日〜三十一日・七月二十四日〜二十五日

「祇園祭」は京都の八坂《やさか》神社の祭礼で、日本三大祭（東京の山王祭または神田祭、大阪の天神祭、祇園祭）のひとつです。

七月一日の「吉符入《きっぷいり》」から始まり、約一か月にわたる大規模な祭りで、十七日の「山鉾巡行《やまぼこじゅんぎょう》」は、豪華絢爛なことでもよく知られています。

祇園祭は正式には「祇園御霊会《ぎおんごりょうえ》」と呼ばれ、平安時代に疫病が大流行した際に、祇園の神を祀ったのが始まりとされています。

「天神祭」は大阪天満宮の祭礼で、その歴史は千年を越える日本屈指の祭典です。

毎年七月二十四日に宵宮《よいみや》、二十五日に本宮《ほんみや》で祭礼が行われます。天神祭は、かつて社頭《しゃとう》の浜から神鉾《かみほこ》を流し、流れついた浜に斎場を設けて禊《みそぎ》を行なったところ、神領民や崇敬者が船を仕立てて奉迎したのが始まりとされています。

土用《どよう》

七月二十日頃から立秋の前日
夏バテ防止に鰻を食べる習わし

「土用」とは、本来は二十四節気の立春、立夏、立秋、立冬の前の約十八日間を指すもので、年に四回あります。

土用は春夏秋冬を「木・火・土・金・水」の五つに分類して考える陰陽五行説に基づいており、土は物を変化させる作用を持つため、季節の変わり目に配されたといわれています。

しかし、現在では立秋の前だけを土用（夏の土用）と呼ぶようになりました。

◆「うの字」のつくものを食べる

土用期間中の丑《うし》の日は、「うの字」のつくものを食べる習慣があります。うどん・ウリ・梅干・鰻《うなぎ》など、地域によってさまざまですが、いずれも夏バテを防止するための習わしです。

特に知られているのが鰻を食べる習慣で、江戸時代に蘭学者の平賀《ひらが》源内《げんない》が、困っている鰻屋のために考えついたという説があります。

鰻屋が源内に勧められるまま、「本日土用の丑の日」と大書した看板を店先に掲げたところ、店は大繁盛したといいます。

大暑

七月二十三日頃

夏真っ盛り、暑さが最も厳しい頃

「大暑」は二十四節気のひとつで、七月二十三日頃にあたります。

大暑という呼び名の通り、一年中で最も暑さが厳しい頃で、暑さがピークに達し、大地も蒸し返るような日々を迎えます。

梅雨が明けて、桐の花が実を結び始め、時折りスコールのような夕立がやってきて、湿度も不快指数も急上昇します。

一年の最高気温を記録する日々が続く夏の真っ盛りですが、台風が発生して激しい雷雨に見舞われたりする一方、干ばつが続いて水不足に悩んだりするのもこの頃です。

この時期、日射病や熱中症への注意が必要ですが、日除けのすだれを掛けたり、夕方に打ち水をしたり、風鈴を下げて涼感を呼ぶなど、昔ながらの知恵も取り入れてみたいものです。

花火大会

七月下旬〜八月上旬
夏の夜の風物詩

花火大会の起源は、江戸時代の両国の川開きにさかのぼります。

一七三三年、江戸市中に疫病が蔓延し、多くの死者が出ました。その霊を弔うために幕府が水神祭を催した際、両国橋近くの水茶屋が慰霊の献上花火を打ち上げたのが、始まりとされています。

花火が打ち上げられると、昔から「かぎやー」「たまやー」という掛け声が上がることが知られていますが、これは当時、両国の「鍵屋」とその分家「玉屋」が花火を製造していたことによります。

葉月（はづき）

八月

八月は暦の上では秋でも、まだまだ暑さが厳しい頃です。

この月を「葉月」と呼ぶのは、旧暦では木の葉が落ちる頃なので「葉落月《はおちづき》」からきているとされ、北方から初めて雁が来る頃なので、「初来月《はつきづき》」が変化した呼び名という説もあります。

また、稲穂が張る月であることから「張《は》り月《つき》」が転じたという説もあり、仲秋を思わせる「紅染月《こうそめつき》」、「月見月《つきみづき》」、「秋風月《あきかぜづき》」などの異名もあります。

新暦	二十四節気	主な行事
1	大暑	八朔
2		
3		
4		
5		
6		
7		
8	立秋	立秋
9		
10		
11		
12		
13		
14		
15		月遅れ盆
16		
17		
18		
19		
20		
21		
22		
23	処暑	処暑
24		
25		
26		
27		
28		
29		
30		
31		

行事や祝日の日付は年によって変動することがあります
2016年から8月11日は「山の日」（国民の祝日）となります

八《はっ》朔《さく》

八月一日
田の神様に「田《た》の実《み》」をする行事

この頃、稲は開花・結実する大切な時期を迎えます。しかし、ちょうど台風が襲来する頃でもあるので、「八朔」は農作物が被害を受けないように、田の神様に祈願する日でした。

また、この頃になると早稲《わせ》（早くに実を付ける稲）の穂が実るので、農家にはその初穂を恩人などに贈る風習が古くからありました。このことから、八朔は「田の実」の節句ともいいます。

鎌倉時代あたりから、この「田の実」を「頼み」にかけ、武家や公家の間でも、日頃お世話になっている人に、その恩を感謝する意味で、「八朔の祝い」と称する贈答が行われるようになりました。

江戸時代に入ると、八朔の日に徳川家康が初めて江戸城に入城したことから、この日を特別な祝日とし、贈り物をする習わしが定着したとされています。

立《りっ》秋《しゅう》

八月七日頃
ひぐらしが鳴き始め、夏の終わりを告げる頃

「立秋」は二十四節気のひとつで、八月七日頃にあたります。

立秋は文字通り「秋立つ」日で、暦の上では夏が終わり、秋の始まりを告げる頃です。

しかし、実際には「暑さ寒さも彼岸まで」といわれるように、まだまだ厳しい暑さが続き、涼しくなるのは「秋のお彼岸（九月下旬）」の頃です。

一年で最も暑いとされる時期の土用が明けて、立秋を過ぎる頃になると、ひぐらしが鳴き始め、少しずつ秋の気配が感じられるようになります。

立秋を過ぎると夏の挨拶状は、「暑中見舞い」から「残暑見舞い」へと変わります。

眠流し《ねむり》

八月上旬　夏の睡魔を祓い流す行事

「眠流し」は七夕送りの行事のひとつです。
この頃はまだ暑さが続き、炎天下の農作業は厳しく、疲れがたまりやすくなります。
しかし、収穫の秋を控えた大事なこの時期、作業中に襲ってくる睡魔は仕事の大敵になります。
その眠りを形代《かたしろ》（人形など）にゆだねて祓い流す「眠流し」という風習が生まれ、東北地方の祭りとして発展しました。

「眠流し」の祭り

「眠流し」は、特に東北地方において青森市の「ねぶた」（八月二日～七日）、弘前市の「ねぷた」（八月一日～七日）のような大きな祭りに発展しました。

「ねぶた」「ねぷた」は、秋の収穫祭を前にして、仕事の妨げとなる睡魔「眠《ねぶ》たし」が変化した呼び名とされています。

秋田の「竿燈《かんとう》祭り」や能代の「ねぶながし」も「眠流し」の行事といわれています。

お盆

八月十三日〜十六日
先祖の霊を迎えて供養する行事

「お盆」は、正式には「盂蘭盆会《うらぼんえ》」「精霊会《しょうりょうえ》」といい、先祖の霊を迎えて供養する行事です。

お盆は、お釈迦《しゃか》様の弟子である目連《もくれん》が「地獄の餓鬼道に落ちて苦しんでいる自分の母親を、どうしたら救えるでしょう」とお釈迦様に問うたところ、「七月十五日に供養（自恣供養会《じしくようえ》）しなさい」と教えられ、その通りにすると、母親は極楽浄土に行くことができたという話に由来します。

この供養の習わしが日本に伝わり、日本古来の祖霊祭と融合して、お盆の習慣が普及していったとされています。

◆お盆の時期

お盆は、旧暦の七月十三日〜十六日にあたり、そのまま旧暦の日付にならって新暦七月十三日〜十六日に行うところもありますが、現在は、月遅れのお盆として新暦八月十三日〜十六日に行うところが多くなっています。

七月に行うのは関東や北海道に多いといわれ、八月に行うのは関西を中心にほぼ全国に広がっています。

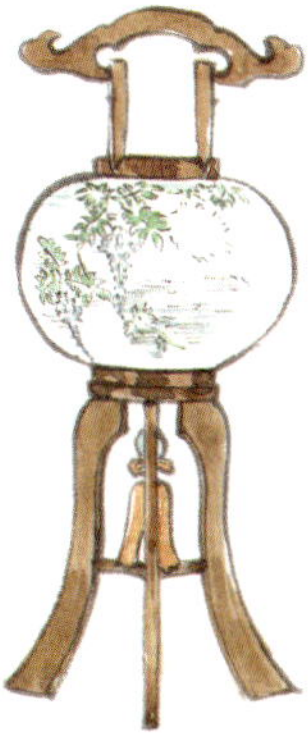

お盆の習わし

◆盆棚《ぼんだな》

「盆棚」は「精霊棚」、「先祖棚」とも呼ばれています。お墓と仏壇をきれいに掃除し、十三日の朝、先祖の霊を迎えるために、仏壇の前や縁側などに設けます。

盆棚に位牌《いはい》、灯明《とうみょう》、水鉢、線香などを置いて、果物や野菜、ぼた餅、盆花などをお供えし、キュウリで作った馬、ナスで作った牛などを飾ります。これは先祖の霊を送り迎えするための乗り物とされています。

◆迎え火

「迎え火」は、先祖の霊が迷わずに帰ってこられるように焚《た》く火のことです。盆の入り（十三日）の夕方、麻幹《おがら》（麻の茎を乾燥したもの）を門前で焚いて祖霊の道標《みちしるべ》にします。

盆提灯も先祖の霊を迎えるためのものですから、仏壇や盆棚のそばに用意して、十三日の夕方に灯しておきます。

◆盆花《ぼんばな》

先祖の霊に供える花を「盆花」といいます。盆花として「ほおずき」がよく知られていますが、昔はお盆前に山ゆり、桔梗《ききょう》、萩《はぎ》、女郎花《おみなえし》、撫子《なでしこ》、樒《しきみ》なども用意して盆棚に供えていました。これを「盆花迎え」といい、先祖の霊が盆花に乗ってくるとされていました。

お盆の供え物

先祖の霊をお迎えしたあとは、朝晩にお参りして、十四日〜十五日には僧侶を迎えて法要を行います。特に新盆《にいぼん》（初盆）の場合は、親族を招いて丁寧に供養します。

お盆の間、ご飯と水やお茶は朝、昼、晩と三度替えるようにし、供え物の料理も毎日替えるようにします。

送り火

お盆の間、招いていた先祖の霊が無事にあの世に戻れるように、十六日の夕方には迎え火と同様に「送り火」を焚きます。

地方によっては地域全体で送り火を焚くところもあり、大規模なものとして知られているのが、京都の「五山《ござん》送り火」です。

精霊流し

「精霊流し」は「送り火」と同じように先祖の霊を送り出す儀礼のひとつで、盆棚の飾り物や供え物を藁などで作った舟形に乗せ、川や海に流す習わしです。

その舟の大きさや規模は地域によって異なり、長崎の精霊流しがよく知られています。

盆踊《ぼん》り《おど》

八月十五日頃

全国各地で行われる夏の行事

「盆踊り」は元来、お盆の間に迎えた先祖の霊をなぐさめ、彼岸に送るための習わしです。また、盆踊りには、先祖に報恩感謝するとともに、自分の災厄を祓うという意味合いもあります。

盆踊りの起源は、平安時代の空也上人《くうやしょうにん》と鎌倉時代の一遍《いっぺん》上人が広めた念仏踊りだとされています。

室町時代の初めには、太鼓などを叩いて踊るようになったといわれます。

その後、江戸時代に入ると、小町踊り（京都などで七夕の日に少女たちが踊った風流踊り）や伊勢踊り（伊勢から起こって諸国に広まった掛け踊り）の要素が加わって、庶民の間で盆踊りが流行るようになりました。

盆踊りは地方によってさまざまな特色があります。笛、太鼓、鉦《しょう》、三味線などの音に合わせて、簡単な振り付けで踊るのが一般的で、広場や公園、寺の境内などで行われる輪踊りと、列を組んで練り歩く踊り方があります。

盆踊りのなかでも、特に知られているのが、徳島県の「阿波踊り」、岐阜県の「郡上《ぐんじょう》踊り」、秋田県の「西馬音内《にしもない》盆踊り」などです。

五《ご》山《ざん》送《おく》り火《び》（大文字）

八月十六日

京都の夜を彩る壮大な送り火行事

八月十六日の夜、京都市街を囲む五つの山に「大文字」「妙法」「船形」「左大文字」「鳥居形」をかたどった火が次々に灯り、人々は厄除けを祈願してそれぞれの火を拝みます。

「五山送り火」は、お盆の間、迎えていた先祖の霊を送る壮大な送り火です。その歴史は室町時代までさかのぼり、起源については諸説伝わっています。

「大文字」が灯される如意ケ嶽《にょいがたけ》の山麓には、かつて浄土寺というお寺があり、このお寺が火災にあった際、本尊の阿弥陀如来が光明を放ったという故事があったとされていました。

その後、各地で疫病が流行した折り、弘法大師がこの故事にならい、如意ケ嶽の山腹に「大」の字の形に護摩壇《ごまだん》を設けて行をしたのが、「大文字」の由来だともいわれています。

処《しょ》暑《しょ》

八月二十三日頃

暑さが峠を越して涼風が吹き始める頃

「処暑」は二十四節気のひとつで、八月二十三日頃にあたります。

処暑は「暑さが和らぐ」という意味で、この頃になると、昼間はまだ暑い日が続くものの、厳しい暑さの峠は越え、朝夕に涼しい風が吹き始めます。

夜になると鈴虫やコオロギの声が聞かれるようになり、野山にはススキや萩《はぎ》などの「秋の七草」(一一六頁)の花が咲き始め、日一日と、秋の気配が感じられるようになります。

この頃は台風のシーズンでもあり、農家では農作物が被害を受けないように細心の注意を払う必要があります。まだ夏バテや食中毒にかかりやすい時期でもあるので、健康管理にも注意すべき時期です。

長月（ながつき）

九月

九月は、日の暮れがだんだん早くなって秋が深まる頃です。

「長月」は、夜が次第に長くなる「夜長月《よながつき》」、秋雨が多く降る頃であることから「長雨月《ながあめづき》」などが略された呼び名とされています。

この時期は稲の収穫期でもあることから、「稲刈月《いなかりづき》」、「稲熟月《いなあがりづき》」ともいわれ、「菊月《きくげつ》」、「紅葉月《もみじつき》」、「色取月《いろとりづき》」などの異名もあります。

新暦	二十四節気	主な行事
1	処暑	二百十日・防災の日
2		
3		
4		
5		
6		
7		
8	白露	白露
9		重陽の節句
10		
11		二百二十日
12		
13		
14		
15		
16		
17		
18		
19		
20		彼岸入り
21		敬老の日
22		
23	秋分	秋分の日・秋分
24		
25		
26		彼岸明け
27		十五夜
28		
29		
30		

行事や祝日の日付は年によって変動することがあります

二《に》百《ひゃく》十《とお》日《か》・二《に》百《ひゃく》二十《はつ》日《か》

九月一日頃・九月十一日頃

台風が次々に襲来する頃

「二百十日・二百二十日」は、立春の日から数えて二百十日目と二百二十日目のことをいい、九月一日頃と九月十一日頃にあたります。

この頃は稲の開花期で、他の農作物も実る頃なので、農家にとってはとても重要な時期になります。

農家の人々は、昔から台風が多く発生する二百十日と二百二十日を厄日として警戒し、台風による被害に注意を払ってきました。

二百十日、二百二十日が近づくと、日本各地で台風による被害を避けるための「風祭り」が行われます。

風祭りは「風《かぜ》日《ひ》待《ま》ち」、「風籠《かぜごも》り」とも呼ばれる秋の収穫を祈願する祭りです。

この日、農家の人々は仕事を休み、氏神様のお社などに集って酒を酌み交わし、秋の実りの安全を祈願します。

古い風祭りでよく知られているのが、奈良県竜田《たつた》神社の「竜田祭」で、その他では新潟県の

弥彦《やひこ》神社、兵庫県伊和《いわ》神社の「風鎮《ふうちん》祭」などもよく知られている風祭りです。

台風の襲来を予測する「先人の知恵」

「二百十日・二百二十日」は、古来よりこの時期に、台風に悩まされてきた「先人の知恵」といえます。

この時期は、稲作の早稲《わせ》・中稲《なかて》が開花期を迎え、昔から農作物の被害を警戒しなければなりませんでした。

現在では、高い精度で台風の予測が可能になっていますが、昔は台風を予測するすべがなく、月の満ち欠けによる旧暦では、日にちも毎年バラバラだったことでしょう。

こうした点から農家に注意を促すために、暦に二百十日・二百二十日が掲載されることになったのではないかと思われます。

ちなみに二百十日が暦に設けられたのは、江戸時代の「貞享暦《じょうきょうれき》」からとされています。

釣り好きの暦学者・渋川春海《しぶかわはるみ》が暦を作る際に、漁師から「立春から二百十日目は大暴風雨になる」という話を聞き、これを暦に記載したといわれています。

防災の日

九月一日は一九二三年、関東大震災が発生した日でした。この震災による死者・行方不明者は十万五千人余りに上り、全壊家屋は十万戸以上に及ぶという大災害でした。「防災の日」はこの教訓に学び、台風や地震に対する防災意識を高めるために一九六〇年に制定されました。

白《はく》露《ろ》

九月八日頃
秋の野にしらつゆが降りる頃

「白露」は九月八日頃にあたります。

江戸時代の暦の解説書である『暦《こよみ》便《べん》覧《らん》』に、この時期のことを「陰気やうやく重りて、露こごりて白色となれば也」と記されている通り、白露は九月の初め頃に訪れます。

白露は秋の野に降りる「しらつゆ」のことで、この頃は秋の気配も次第に深まり、ススキの穂波などにその風情が感じられるようになります。

白露の美しさは「百人一首」の歌として知られる「白露に風の吹きしく秋の野はつらぬきとめぬ玉ぞ散りける」（文屋《ふんやの》朝康《あさやす》）に代表されるように、秋の風情を象徴する言葉として、古くから多くの歌人に詠まれています。

重《ちょう》陽《よう》の節《せっ》句《く》

九月九日

菊の花を飾り、長寿と無病息災を願う行事

「重陽の節句」は五節句のひとつで、菊に長寿を祈る「菊の節句」、また「栗の節句」、「お九《くん》日《ち》」とも呼ばれています。

偶数を「陰」、奇数を「陽」と考える陰陽五行説では、奇数の中で、最も大きな「九」は陽が極まった数字としています。このことから、「九」が重なる九月九日を「重陽」と呼ぶようになったとされています。

この頃は、菊の花が盛りの時期で、日本では奈良時代から宮中や寺院で菊を観賞する宴が行われていましたが、現在では神社仏閣で行われる程度です。

菊酒

中国では、菊を翁《おきな》草《ぐさ》や千代見草《ちよみぐさ》とも呼び、邪気を祓う不老長寿の妙薬とされ、この日に菊酒（菊の花びらを浮かべたお酒）を酌み交わして、互いに「長寿」と「無病息災」を願う風習がありました。

この風習が奈良時代に日本に伝わり、「菊花の宴《うたげ》」として宮中で行われたのが、「重陽の節句」の起源とされています。

平安時代になると正式な宮廷行事として定着し、臣下にも菊酒と氷魚《ひうお》が振る舞われたといわれています。

菊祭り

重陽の節句は、別名「菊の節句」といわれる通り、栗ご飯などを食べて祝うとともに、菊の咲かせ方を競う「菊祭り」や、「菊人形」作りが行われるようになりました。

菊作りは、江戸時代に庶民の間で盛んになり、そのできばえを競う「菊合わせ」なども開かれるようになりました。

現在も各地で菊人形展が開かれており、福島県の「二本松の菊人形」は特に有名です。

菊の被綿《きせわた》

「菊の被綿」とは、重陽の節句の前夜に、菊の花に綿をかぶせて菊の露と香りを移した

ものです。翌日、その綿で顔や身体を清めると、長生きできるとされています。

栗ご飯で祝う

江戸時代になると、重陽の日は五節句のひとつに定められ、諸藩の大名たちも江戸城に登城してお祝いをしたといわれています。

また、庶民の間にも菊酒を飲み、栗ご飯を食べるという風習が定着しました。

秋の味覚を代表する栗は、夏の暑さで消耗した体力を回復させる作用もあって、栗ご飯は恰好の秋の祝い膳になったことでしょう。

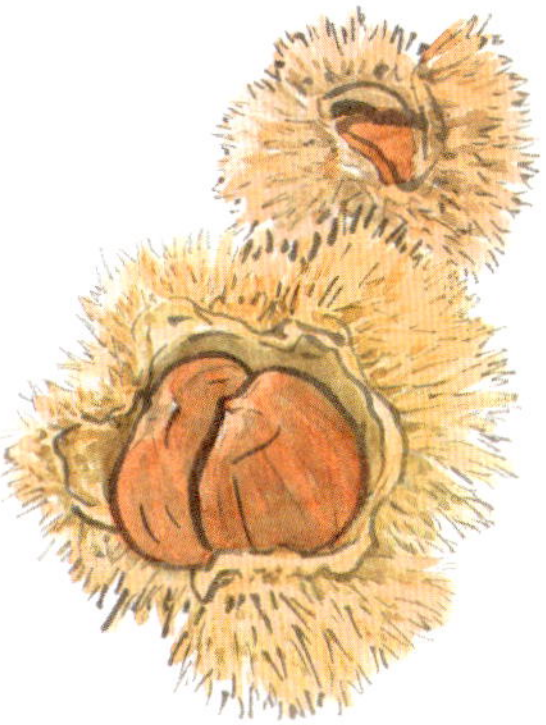

おくんち祭り

庶民の間でも、重陽の節句は秋の収穫祭と融合して、「お九日《くんち》」として祝われるようになりました。「おくんち祭り」としてよく知られているのが毎年十月七日から三日間行われる「長崎くんち」です。

「長崎くんち」は一六三四年、ふたりの遊女が諏訪神社で舞を奉納したのが始まりとされています。期間中は傘《かさ》鉾《ほこ》や鯨の潮吹き、竜宮船、唐人船などの豪華な曳《ひき》物《もの》、龍踊りなど迫力ある出し物が奉納されます。

また、「唐津くんち」も盛大なおくんち祭りとして知られています。

敬老の日

九月第三月曜日

年寄りを敬い、長寿を祝う日

「敬老の日」は、長年に渡り社会や家庭のために働いてきた年寄りを敬愛し、長寿を祝う日です。

この日の前身は一九五一年に定められた「としよりの日」でしたが、一九六五年に「多年にわたり社会につくしてきた老人を敬愛し、長寿を祝う日」と法律で定められ、翌一九六六年から国民の祝日に加えられました。

二〇〇二年までは九月十五日を敬老の日としていましたが、法改正により二〇〇三年から成人の日や体育の日と同様にハッピーマンデー制度による移動祝日となりました。

これを受けて、敬老の日を記念日として残すために、「老人福祉法」を改正して九月十五日を「老人の日」、九月十五日～二十一日を「老人週間」と定め、老人福祉の関心と理解を高めるためのさまざまな行事が開催されるようになりました。

秋のお彼岸

秋分を中心とした前後三日間（計七日間）「おはぎ」を供えて祖霊を供養する行事

秋分の日（九月二十三日頃）とその前後の三日間ずつを含んだ一週間が秋のお彼岸です。

この日は、お墓や仏壇をきれいにして、秋の収穫を感謝するとともに先祖を供養します。

お供え物として、春のお彼岸の「ぼた餅」に対し、秋のお彼岸は「おはぎ」を作ります。

春は牡丹の花の季節に近いのでぼた餅、秋は萩の花の季節なのでおはぎと呼ばれますが、基本的には同じものといわれています。

春のお彼岸と同様に、西方の極楽浄土と現世が最も近くなる頃として、各家庭では、おはぎの他にも、五目寿司や故人の好きだったものなどを作り、仏前や墓前に供えます。

また、この頃になると、全国各地で農家の人たちが鎮守の神様（氏神）に、その年の作物の収穫を感謝する秋祭りが行われるようになります。日本列島は南北に細長いので、稲の収穫期は地方によって差があり、実際に秋祭りは十一月頃まで行われます。

秋《しゅう》分《ぶん》

九月二十三日頃

本格的な秋の訪れを告げる日

この日は、春分の日と同様に、昼夜の長さが等しく、秋分を過ぎると次第に夜のほうが長くなっていきます。この頃を境に夏の暑さも治まっていき、秋が深まり始めます。

もともと、農村部では秋分の頃に豊作を祝い、祖霊を秋分以降に里から山に送る儀式が行われていましたが、仏教の浸透とともに秋分は「秋の彼岸」として祖霊を供養する意味を持ちました。

また、「秋分の日」は、一九四八年に「祖先をうやまい、なくなった人をしのぶ」日として国民の祝日のひとつに定められ、亡くなった人の御霊《みたま》をしのぶ日となっています。

十五夜《じゅうごや》

旧暦八月十五日
一年中で月が最も美しく見える中秋の名月

中国では、旧暦の七月を初秋、八月を仲秋、九月を晩秋といい、古くからそれぞれ月の満月を観賞する習わしがありました。

中でも旧暦八月十五日の満月は「中秋の名月」と呼ばれ、この月を愛でることが、ことのほか好まれました。この頃は湿度が下がり、空気が澄み渡って月が最も美しく見える時期です。

この「月見の宴」の風習が、遣唐使によって日本に伝わると、貴族に取り入れられ、武士の間にも広まっていきました。

また、この時期は農作物の収穫期の直前にあたることから、豊作を願う収穫祭の意味合いが強まり、庶民の間にも農作物を名月に供えて「十五夜」を楽しむ行事として定着していきました。

月見の際に飾るススキは、秋の七草のひとつである尾花のことで、茅《かや》とも呼ばれ、豊穣を願う意味や魔除けの力があるとされています。

芋名月《いもめいげつ》

満月は豊穣の象徴ともされており、収穫されたばかりの里芋を初め、秋の実りをお供えします。里芋はどんどん増えるので、古くから子孫繁栄の縁起物とされ、祝い事のたびに用いられてきました。こうしたことから、十五夜の月は別名「芋名月」とも呼ばれています。

月見団子

地域によって「月見団子」の作り方や供え方は異なります。その形は、まん丸では無くほんの少しつぶすようにします。まん丸の白い団子は、亡くなった方の枕元に供える枕団子に通じるからです。供える数は十五夜にちなんで十五個、一年の月数に合わせて十二個などまちまちです。

月の満ち欠け

旧暦では、月の満ち欠けのサイクル（大の月を三十日、小の月を二十九日として）で、ひと月を決めています。ひと月は必ず新月（朔《さく》。一日《ついたち》）から始まり、上弦の月（八日頃）、満月（望《ぼう》。十五日頃）、下弦の月（二十三日頃）を経て、再び新月に戻ります。

昔の人々はこのサイクルが潮の干満をはじめ、自然界に影響を及ぼすことを経験的に知っていて、月の変化に注意し、それぞれにふさわしい呼び名を付け、暮らしの道標にしていました。

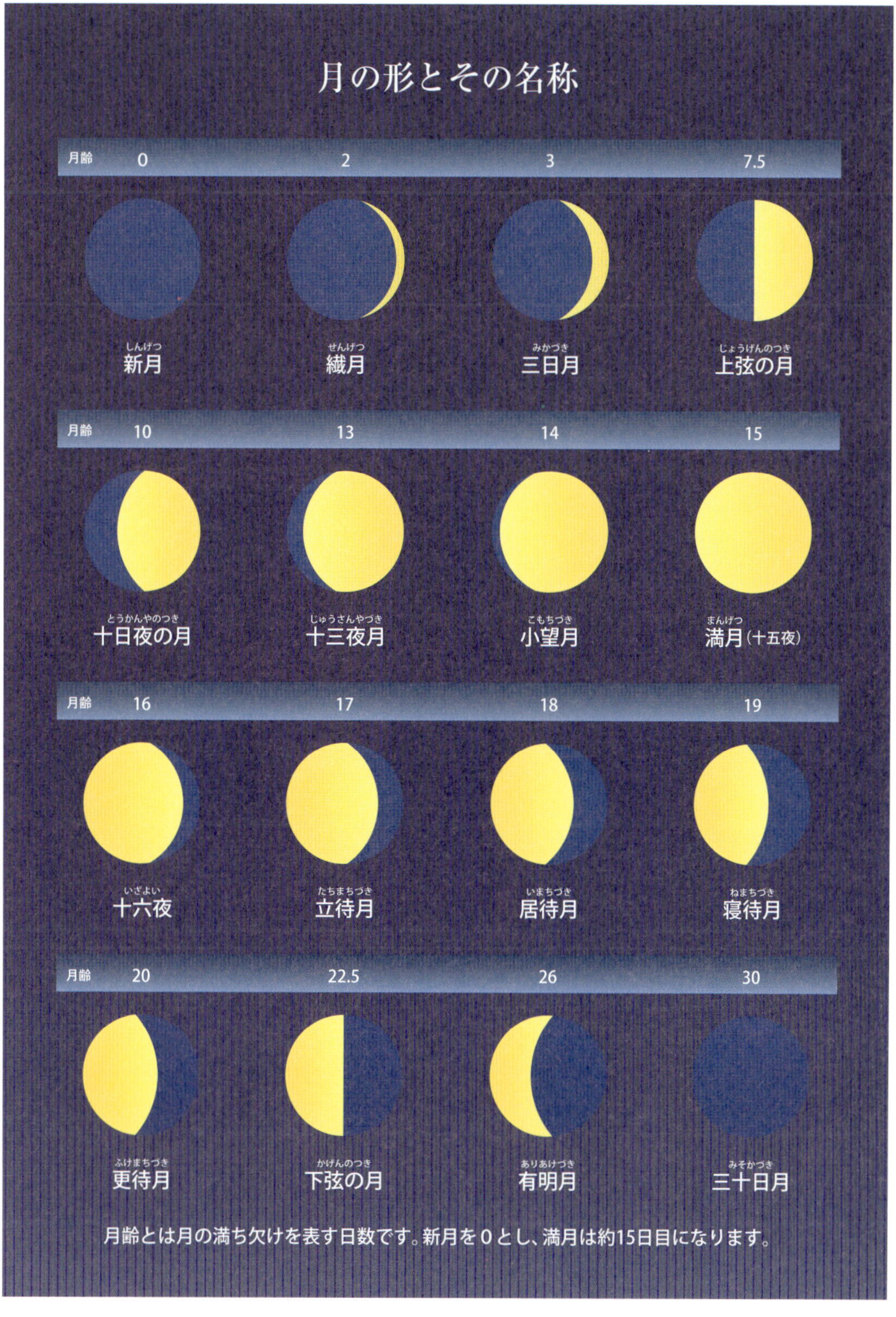

月齢とは月の満ち欠けを表す日数です。新月を0とし、満月は約15日目になります。

秋の七草

秋の七草とは、撫子、葛、桔梗、萩、藤袴、尾花、女郎花のことを指し、古くから短歌などに詠まれ、秋の代表的な草花として親しまれています。

秋の七草

撫子《なでしこ》
八～九月にピンク色の小さな花が咲きます。花のふちが糸状に細かく裂けています。

葛《くず》
赤紫色の花が咲き、根はくず粉や漢方薬の「葛根湯《かっこんとう》」として使われます。

桔梗《ききょう》
星形のような青紫の花をつけ、根は咳止め用の「晒桔梗《さらしききょう》」という薬に用いられます。

萩《はぎ》
野山に自生する低木で、紅紫色の小さな蝶形の花をつけます。

藤袴《ふじばかま》
八～九月に淡い紅紫色の小さな花をつけます。昔から乾燥させて香料として使われました。

尾花《おばな》
別名ススキ。山野に自生し、根茎は解熱、利尿に効果があり、薬用にも使われています。

女郎花《おみなえし》
黄色の美しい小花をつけ、根は炎症を抑える「敗醤根《はいしょうこん》」という薬に使われます。

神無月
（かみなづき）
十月

「神無月」は、全国の神々が出雲大社に集い、国元を留守にすることからついた呼び名とされています。

反対に、神々が集う出雲国（島根県）では「神在月《かみありづき》」と呼ばれています。

また、伊勢神宮で神嘗祭《かんなめさい》が行われる月なので「神嘗月《かんなめづき》」、「神祭月《かみまつりづき》」、雷が鳴らない月なので「雷無月《かみなしづき》」と諸説あり、「時雨月《しぐれづき》」「神去《かみさり》月《づき》」などの異名もあります。

新暦	二十四節気	主な行事
1	秋分	
2		
3		
4		
5		
6		
7		
8	寒露	寒露
9		
10		
11		
12		体育の日
13		
14		
15		
16		
17		神嘗祭
18		
19		
20		えびす講
21		
22		
23		
24	霜降	霜降
25		
26		
27		
28		
29		
30		
31		ハロウィン

行事や祝日の日付は年によって変動することがあります

寒《かん》露《ろ》

十月八日頃

野草に宿る露が霜に変わり秋深まる頃

「寒露」は、十月八日頃にあたります。

江戸時代の歳時記である『改正月令博物筌《かいせいげつれいはくぶつせん》』に「この月冷寒次第につのり、露凝《つゆむす》んで霜とならんとするゆゑ、寒露と名づく」と記されている通り、この時期は急速に秋が深まり、野草に宿る冷たい露が霜に変わる頃です。

秋晴れの日が続き、朝晩の澄み渡った空気に、寒さが感じられるようになります。

また、野山の紅葉も次第に鮮やかさを増してきて、「錦《にしき》」に例えられる色合いに染まっていきます。

神《かん》嘗《なめ》祭《さい》

十月十五日～十月二十五日

その年の新穀を神前に供える感謝祭

「神嘗祭」は、伊勢神宮で十月十五日～十月二十五日にかけて執り行われる祭礼です。

その年の新《しん》穀《こく》を天《あま》照《てらす》大《おお》神《みかみ》に献上し、ご神徳に報謝する儀式で、伊勢神宮において最も由緒あるお祭りです。

戦前は祝日に制定されていました。

五穀豊穣の感謝祭にあたり、国家の繁栄と安泰、国民の平安を祈ります。

神嘗祭は「神宮の正月」ともいわれ、伊勢神宮ではこの祭事にあたって、装束や祭事道具を新調し、神宮の神職や住民は、神嘗祭が終わるまで新穀を口にしないともいわれています。

えびす講

十月二十日・十一月二十日

商売繁盛を願って恵比須様を祀る行事

「えびす講」の「えびす」は、恵比須・戎夷・蛭子などと書かれ、「えびっさん」、「えべっさん」などと呼ばれたりします。

七福神の一人で、福徳を授け、商売繁盛や漁業、家内安全の「福の神」としても知られています。

十月は神無月で、全国の神々が出雲に集うといわれていますが、恵比須様は留守神として出雲に出向かず民を守るとされています。

その恵比須様を祀るえびす講は、主に十月二十日や十一月二十日に行われ、神楽や太鼓の奉納や、神輿《みこし》が担がれたりするほか、さまざまな屋台が出て、熊手などの縁起物を売る市が立ちます。

関東では十月二十日に行う地域が多いので、二十をとって「二十日えびす」といいます。関西で一月十日に行われる「十日戎」も、えびす講のひとつです。

時代祭

十月二十二日

京都人の心意気と誇りが織り込まれた祭り

「時代祭」は、京都市にある平安神宮の祭礼で、葵祭、祇園祭とともに京都三大祭のひとつに数えられています。

平安神宮の創建と平安京への遷都一一〇〇年を祝う行事として一八九五年に始まりました。

この祭りは、桓武天皇が平安京に都を移したとされる、十月二十二日を京都の誕生日とし、「一目で京都の歴史と文化が理解できるもの」「京都以外ではまねできないもの」という主旨で立ち上げられたもので、京都人の心意気と誇りが感じられる祭りです。

時代祭の当日は、明治、江戸、安土桃山、室町、吉野、鎌倉、藤原、延暦の八つの時代をさかのぼり、二十に分けられた行列が、一列ずつ練り歩きます。

江戸・中世・平安時代の婦人列は、京都の五つの花街が輪番で奉仕するなど、総勢約二千人もの人たちが参加する大祭となっています。

霜《そう》降《こう》

十月二十三日頃

初霜が降りて秋の終わりが近づく頃

「霜降」は秋の季節最後の節気となり、十月二十三日頃にあたります。

江戸時代の歳時記『改正月令博物筌』に、「露結んで霜となるなり。ゆゑに霜降といふ」と記されている通り、この頃になると、冷たい風が吹き始め、寒さも次第に強まり初霜が降り、一気に晩秋の気配が漂い始めます。

紅葉していた木々も葉を落とし、秋のもの寂しさが感じられ、冬が近いことを実感するようになります。

昔は、冬支度のための炉《ろ》開き、薪《まき》積み、漬物の仕込みなど雑務に追われました。

今では、こうした光景は見られなくなりましたが、動物たちは冬支度に忙しく、冬ごもりを始めたり、夏鳥は暖かいところへと旅立っていきます。

十《じゅう》三《さん》夜《や》

旧暦九月十三日

日本独特の晩秋の月を愛でる風習

十五夜に対して「後《のち》の月」と呼ばれ、日本では古くから旧暦九月十三日に「十三夜」の月見をしていました。

十五夜が別名「芋名月」と呼ばれるのに対して、十三夜は、お供え物の豆や栗が、ちょうどこの時期に食べ頃になることから「豆名月」、「栗名月」と呼ばれ、新暦では十月中旬〜十一月上旬にあたります。

中国から伝わった十五夜に対して、十三夜は日本独特の風習です。

旧暦九月十三日の月は、まんまるの満月ではないものの、十五夜に次いで美しいといわれ、古くから歌に詠まれています。

江戸時代には十五夜と十三夜を両方祝い、一方の月見しか行わないのは「片月見《かたつきみ》」や「片見月《かたみづき》」といって縁起が悪いとされていました。

紅葉狩《もみじが》り

十月中旬〜十二月下旬

秋の紅葉を愛でる雅な野遊びの行事

「紅葉狩り」は、秋の紅葉を鑑賞することをいい、春の花見と並んで、古くから人々に好まれ親しまれてきた野遊びの行事です。

もともとは平安時代に、宮廷や貴族の間で行われていた優雅な遊びのひとつで、貴族たちが紅葉を愛《め》でながら宴《うたげ》を開き、その美しさを和歌に詠んだことから広まったようです。

その後、戦乱のない江戸時代になると、庶民の間にも「紅葉狩り」が広がっていき、秋の一日、野外に出て紅葉を見ながら、酒盛りなどをして楽しむようになりました。

江戸の紅葉の名所

八代将軍の徳川吉宗が、数千本もの紅葉《もみじ》と桜を飛鳥山《あすかやま》（東京都北区）に植えたことから、飛鳥山は品川の海晏寺《かいあんじ》や下谷（同・台東区）の正燈寺《しょうとうじ》と並ぶ紅葉の名所になったと伝わっています。

なかでも海晏寺は、著名な歌川広重を初め、多くの日本画に描かれており、この寺が海を眺める名所であると同時に、紅葉狩りを楽しむ名所であったことがうかがえます。

◆紅葉の種類

紅葉には、黄色になるものと赤になるものがあり、前者は葉が枯れて散る前に、葉の成分の葉緑素が分解され、黄色い色が残るからとされています。後者は、葉に糖分が残っている場合、これが分解されて赤い色素をつくるので赤くなるとされています。こうした変化は温度差に左右されるので、昼と夜の気温の差が大きい日が続くと美しい紅葉が見られるようです。

亥《い》の子《こ》祭り

十月の亥の日

亥の子餅を食べ、田の神様に感謝する行事

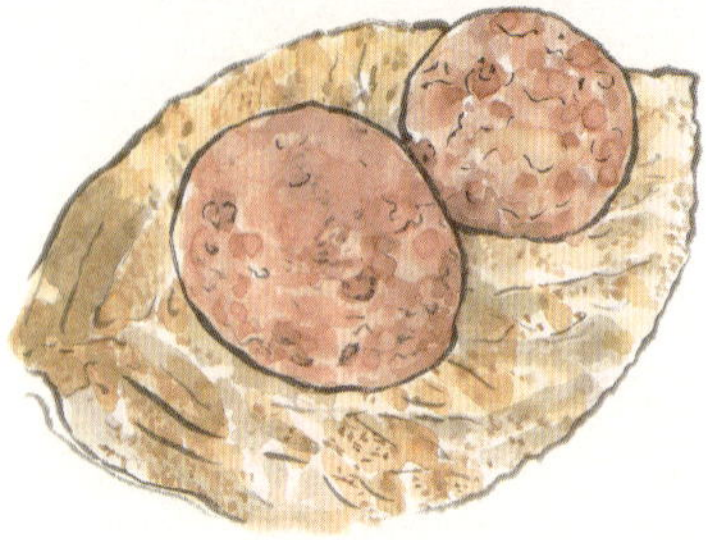

「亥の子祭り」は、十月の亥の日、亥の刻（午後九時～十一時）に餅を食べる行事で、特に西日本で盛んな風習です。

亥の子は、古くから中国に伝わってきた宮廷の儀式で、たくさん子供を産むイノシシにあやかって子孫繁栄を祈願するものでした。

この習わしが日本に伝わり、平安朝以来、日本の朝廷でも行われていましたが、次第に秋の収穫祭の意味合いが強くなったといわれています。

この日、農家では大豆・小豆・ささげ・ごま・栗・柿・糖を混ぜた「亥の子餅」という餅を作り、田の神様に供えるとともに、家族みんなで食します。

これは「亥の日の亥の刻に餅を食べると病気にならない」という中国の故事に基づく習わしです。

亥の子搗《つ》き

亥の子は、子供たちも参加する行事です。

この日、子供たちは藁《わら》を束ねた藁鉄砲か、丸石に何本もの藁縄で縛ったものを持ち、囃《はや》しながら家々を訪ね、「亥の子搗き」といって、地面を叩いて回ります。これは土地の邪霊を鎮め、豊穣を祈願するおまじないといわれています。

十日夜《とおかんや》

東日本でも亥の子の行事と同じような「十日夜」と呼ばれる行事が旧暦十月十日に行われます。

この十日夜には稲と大根に関する伝承も多くみられます。この日に大根畑に入ってはならないという禁忌《きんき》が、各地でみられますが、秋祭りや正月の神供に大切な大根に神霊が宿るというしいわれが背景にあると考えられています。

この日は、田の神様が山に帰る日とされており、その化身と信じられている案山子《かかし》を家に持ち帰って祀り、稲の収穫祭を行うところも少なくありません。

また、「亥の子搗き」と同じように子供たちが藁を巻いた棒を持ち、唱え言をしながら家々の庭などを叩いて回る習わしも残っています。これは「亥の子搗き」と同じように、厄除けのおまじないであったり、「土地の神に生気を与える」という風習からきています。

ハロウィン

「ハロウィン」は、ケルト民族が行っていた収穫感謝祭をキリスト教が取り入れたものとされています。

ケルト人は十一月一日を年の始まり、十月三十一日を年の終わりとしており、大晦日に当たる十月三十一日は魔女や精霊、死者の霊などが現れると信じられていました。

それらから身を守るために、十月三十一日には、人であることを隠すための仮面を被ったり、魔除けの焚火を焚いたりしました。

アメリカなどでは、ハロウィンの日、子供たちが魔女や精霊の仮装をして「トリック・オア・トリート（お菓子をくれないとイタズラしちゃうぞ）」といいながら家々を回り、お菓子をもらう習慣があります。

日本では、宗教上の行事ではなく、秋に開かれるイベントのひとつとしてハロウィンが行われています。

ハロウィンが近づくと、ジャック・ランタン（カボチャちょうちん）を模したお菓子や小物などが店頭に並ぶようになり、また、ハロウィンの当日、仮装をしてパレードを楽しむといったニュースも聞かれるようになっています。

霜月（しもつき）

十一月

本格的な冬を迎え、霜が降ることから「霜月」は「霜降月《しもふりつき》」が転じた呼び名といわれ、秋の収穫期を終え、神楽を奉納するため「神楽月《かぐらづき》」ともいわれています。

地域によって異なりますが、厳しい冬が間近に感じられるようになり、北日本や山岳地では雪がちらつき、冷たい北風が吹き始めます。

新暦	二十四節気	主な行事
1	霜降	
2		
3		文化の日
4		
5		酉の市（一の酉）
6		
7		
8	立冬	立冬
9		
10		
11		
12		
13		
14		
15		七五三
16		
17		
18		
19		
20		
21		
22		
23	小雪	勤労感謝の日・小雪・新嘗祭
24		
25		
26		
27		
28		
29		
30		

行事や祝日の日付は年によって変動することがあります

酉《とり》の市

十一月の酉の日

福をとり（酉）込む縁起担ぎの習わし

「酉の市」は、十一月の酉の日に行われる鷲《おおとり》（大鳥とも書く）明神の祭礼です。

鷲明神は、大阪府堺市の大鷲神社が本社で、東京および東京近郊の大鷲神社は末社といわれています。

「おとりさま」と呼ばれる酉の市は、高いところを飛ぶ大鳥にあやかって、出世や縁起を担いで参拝する江戸の武士や町人たちなどで賑わいました。

本来、武運を守護するとされてきた大鷲神社には、武士の参詣が多かったのですが、次第に開運や商売繁盛の神社として参詣する人が多くなり、特に客商売の料理屋や役者などの信仰を集めたとされています。

酉の日は十三日目ごとに回ってくるものですが、十一月の初酉を「一の酉」、二番目を「二の酉」、三番目を「三の酉」といい、一の酉が最も重んじられます。

現在も、酉の市は関東地方で盛んに行われており、なかでも昔から「新の酉」と呼ばれてきた浅草・長國寺の鷲大明神で開かれる酉の市は有名です。

三の酉まである年は火事が多い

ちなみに、三の酉まである年は火事が多いといわれていますが、これは「宵に鳴かぬ鶏が鳴くと火事が出る」という俗信によるものです。

しかし、三の酉の頃になると次第に寒さも増して、火を使う機会も増えることから、注意を喚起する意味もあったとされています。

縁起物の熊手

「酉の市」といえば縁起物の熊手が名物です。

祭りの当日は境内に市が立ち、農具の熊手が物をかきよせるところから福運や富を集める道具に見立てられ、飾り付きの熊手が「福をかき込む」「福をとり（酉）込む」という縁起担ぎで売られています。

稲穂を添えた熊手をはじめ、桧扇《ひおうぎ》やおかめ、千両箱、大判、小判、宝船、鶴亀など、あらゆる縁起物で飾られた熊手が、たくさんの出店に所狭しと並んでいます。

立《りっ》冬《とう》

十一月七日頃

木枯らしが吹き、冬の寒さが始まる頃

「立冬」は二十四節気のひとつで、十一月七日頃にあたります。

文字通り「冬立つ」頃で、暦の上ではこの日から冬の季節に入ります。

気候は冬型になり、木枯らし一号が吹くと、冬の寒さが始まります。

とはいえ、地域によって異なるものの、この時期はおおむね天候に恵まれ、まだ紅葉が見頃のところもあって、最も秋らしさが感じられる時期ともいえます。

時折り春のような穏やかな「小春日和《こはるびより》」の陽気になることもあり、このような日を「小六月《ころくがつ》」、「小春」といいます。

この時期を過ぎると山陰地方では時雨《しぐ》れる頃になり、北日本や山岳地では雪がちらつき始め、冬景色に変わっていきます。

七五三

十一月十五日

子供の成長の節目を祝う儀式

「七五三」は、三歳の男女、五歳の男児、七歳の女児の成長を祝って、氏神や神社にお参りして健やかな成長と健康を祈るという行事です。

地域によっては、男児は五歳のみ、女児は三歳と七歳で行うところもあるようです。

かつて、七五三は宮家、公家、武家の祝い事として、三歳の「髪置《かみおき》」、五歳の「袴着《はかまぎ》」、七歳の「帯解《おびとき》」というように、それぞれ個別に行われていた儀式でした。

いずれの儀式も、各家で吉日を選んで行われていましたが、江戸時代に祝い日を十一月十五日に定めたとされています。

この日を七五三の日とした理由は、陰陽道の「鬼のいぬ間」の最上吉日（鬼宿日）にあたるという説と、氏神様（田の神様）を秋の収穫後、山へ送り出す霜月祭の日であるためという説もあります。

◆七歳までは神のうち

三歳、五歳、七歳を祝うのは、奇数を吉とする中国の「陰陽五行説」に由来し、子供の成長の節目を一区切りと考えていたようです。

昔は子供の死亡率が高く、七歳まで成長することが大変だったため、「七歳までは神のうち」とされ、それまでの子供の無事な成長を感謝して祝いの儀式が行われてきました。

髪《かみ》置《おき》

「髪置」は三歳時に、それまで剃っていた髪を生後初めて結う儀式です。

「櫛《くし》置《おき》」ともいわれ、長生きを願って白髪《しらが》のかつらや白髪綿《しらがわた》という綿帽子をかぶせることもあります。

袴着《はかまぎ》

「袴着」は五歳になった子供に初めて袴をはかせる儀式です。

この儀式に際しては、子供を碁盤の上に立たせて、袴と裃《かみしも》をつけるという作法が伝わっており、これは碁盤上を「城取り」になぞらえた習わしとされています。

「袴着」は、もともと幼児が三～七歳の童子になるための通過儀礼のひとつで、女児にも行われていましたが、五歳の男児の「袴着」、七歳の女児の「帯解」へと分かれていったようです。

帯解《おびとき》

「帯解」は女児が七歳になると、それまで着ていた着物からつけ紐を外し、初めて本式の帯を締め、着物も振り袖に替える儀式で、「帯結び」「紐落とし」、「帯直し」ともいいます。

新嘗祭《にいなめさい》

十一月二十三日

五穀の収穫を感謝する皇室の伝統行事

「新嘗祭」は、天皇がその年の五穀の新穀を宮中の神殿に供え、収穫を感謝し、翌年の豊作を祈念するという祭儀で、皇室の最も重要な行事になっています。

その歴史は飛鳥時代の皇極《こうぎょく》天皇の時までさかのぼり、戦国時代以降中断された時期はあったものの、江戸時代の東山《ひがしやま》天皇の時（一六八七年）に大嘗祭《だいじょうさい》が復活し、桜町《さくらまち》天皇の時（一七四〇年）に新嘗祭も復活したと伝わっています。

天皇即位後、初めて執り行うこの祭儀を大《だい》嘗祭《じょうさい》、毎年のこの祭儀を新嘗祭と区別し、毎年十一月の卯《う》の日に行われていました。

一八七三年に太陽暦が採用されるようになって以降、新嘗祭は十一月二十三日と定められ、戦後は「勤労感謝の日」となりましたが、この祭儀は現在も皇室で行われています。

勤労感謝の日は国民の祝日のひとつで、「勤労をたっとび、生産を祝い、国民がたがいに感謝しあう」ことを趣旨に、一九四八年に制定されました。

五穀とは

神嘗祭、新嘗祭で神殿に供えられる「五穀」とは、古来、日本人が食してきた「米・麦・粟・豆・黍《きび》（または稗《ひえ》）」の五種類の穀物を指します。

小《しょう》雪《せつ》

十一月二十二日頃

北国から初雪の知らせが届き始める頃

「小雪」は二十四節気のひとつで、十一月二十二日頃にあたります。

小雪とは文字通り、まだ雪が少ないという意味で、寒さもそれほど厳しくなく、本格的な雪の季節はまだ先になります。しかし、日が経つにつれて日照時間は短くなり、北国から初雪の知らせが届き始めます。

また、この頃になると、西高東低の気圧配置が強まり、時折り時雨れることもありますが、太平洋側はほぼ冬晴れの日が続き、冷たい木枯らしが吹きわたります。

師走（しわす）

十二月

「師走」は、「師」である僧侶がお経を上げるために、忙しく走り回る月であることから「師《し》馳《は》す」あるいは「師走り月」が語源といわれています。

また、一年を納める月を意味する「四季果《は》つ」「為《し》果《は》つ」が変化した呼び名ともいわれており、ゆったりと春の訪れを待つという意味から「春《はる》待月《まちづき》」という呼び方もあります。

新暦	二十四節気	主な行事
1	小雪	
2		
3		
4		
5		
6		
7	大雪	大雪
8		
9		
10		
11		
12		
13		
14		
15		
16		
17		
18		
19		
20		
21		
22	冬至	冬至
23		天皇誕生日
24		
25		クリスマス
26		
27		
28		
29		
30		
31		大晦日

行事や祝日の日付は年によって変動することがあります

大《たい》雪《せつ》

十二月七日頃

雪が降り、やがて大雪になる頃

「大雪」は冬将軍が到来する時期で、十二月七日頃にあたります。

大雪とは文字通り、「雪が一層はなはだしくなる」という意味で、降り積もる大雪のことをいいます。この頃になると、日本海側では雪が激しく降り始め、太平洋側には乾燥した冷たい風が吹き渡ります。

朝夕、池や川に氷が張って、霜柱を踏むようになるのもこの頃で、北の海では鰤《ぶり》や鱈《たら》など漁が盛んになり、スキーやスケートなどの冬のスポーツが盛んになり始めます。

お歳暮《せいぼ》

十二月初旬～二十日頃

その年のお礼として感謝の品物を贈る

「お歳暮」は、普段お世話になっている方や親戚などに、その年のお礼として品物を贈ることをいいます。

お歳暮は、本家などが正月にお供えする品物（塩鮭、スルメ、数の子、干魚など）を、年末のうちに各家が届けていた風習の名残りともいわれています。

かつては、家元、本家、両親、職場の上司などに品物を贈っていましたが、最近では仕事でお世話になった方や、習い事の先生、かかりつけの医師など多岐にわたります。

お歳暮を贈る時期は、以前は正月の準備に取り掛かる十二月十三日～二十日の「正月こと始め」の日までに贈るものとされていましたが、現在では十二月初旬～二十日頃までに届くように贈るのが一般的です。

また、お正月用の食材や賞味期限の長くない品物を贈る場合は、日持ちなどを考えて贈るようにします。なかには、商品券などを贈るケースもあるようですが、目上の方に贈るのは失礼にあたる場合もあるので注意が必要です。

正月こと始め

十二月十三日
正月の準備を始める日

「正月こと始め」は正月の準備を始める日のことで、十二月十三日にあたります。

かつて、この日は門松用の松や雑煮を炊くための薪《まき》などを、山に採りに行くのが習わしでした。

平安時代から江戸時代前期まで使用されていた『宣明暦《せんみょうれき》』によれば、旧暦十二月十三日は正月の準備をするのに「吉」の日としていることから、この日を、正月こと始めの日に定めたと伝えられています。

現在は、正月の飾り物も年末ぎりぎりまで売られているので、この日にこだわる必要はありませんが、正月の準備は二十八日までには終わらせるようにします。

作業が残った場合は、「苦の日」ということで二十九日は避けるようにして、翌三十日に行うようにします。また、三十一日も一夜飾りといって、飾り物やお供え物などの準備には向かない日とされています。

煤《すす》払《はら》い

「煤払い」は正月こと始めの日に、新しい年神様を迎えるために一年の汚れを払っておく習わしです。

昔は竹竿の先に藁をくくりつけた「煤梵天《すすぼんてん》」と呼ばれる道具で煤を払っていましたが、今でも大きな寺や神社などでは、この方法で煤払いをしているところがあり、その様子がテレビのニュースなどでよく取り上げられています。

昔の家屋には、煤がつきやすい囲炉裏があったため、煤払いは正月こと始めの最初の仕事になっていたようです。

現在、一般家庭では、十三日では早すぎるので、この日は神棚や仏壇の掃除だけをすませ、暮れ間近になってから大掃除を行うことが多いようです。

松迎え

「松迎え」は、正月に飾る松を正月こと始めの日に山へ採りに行くことをいいます。

昔から松は「神霊が宿る木」とされており、松という呼び名は「神を待つ木」に由来するともいわれています。

また、松迎えには、年神様を山から迎えるという意味もあって、松を山へ採りに行くのは、一家の主人か新年の年男の仕事としている地域もあります。

採ってきた松によって、年末に門松などが作られますが、実際には、松迎えは十三日では早すぎるので、次第に年末近くに改められ、現在は二十日以降に行う場合が多いようです。

正月用の餅つき

昔は師走も押し詰まってくると、餅つきの音が響いていました。

年末に正月用の餅をつく習わしは、本来、神聖な行事で、餅をつく臼《うす》や米を蒸《ひ》すせいろには、注連縄《しめなわ》が張られ、臼の下には塩で清められた藁が敷かれていました。

正月用の餅つきは、十二月二十五日から二十八日までに行うところが多いようで、二十九日につくのは「苦餅」、三十一日につくのは「一夜餅」として避けられています。

冬至《とうじ》

十二月二十二日頃

太陽の力が復活する「一陽来復」の日

「冬至」は一年中で昼間が最も短く、夜が最も長い日で、十二月二十二日頃にあたります。

太陽はこの日、南回帰線の真上にあり、北半球では正午の太陽の高さが一年中で最も低くなります。

古来、中国では冬至を境に太陽の力が復活するという考えから、『易経』には「一陽来復《いちようらいふく》」という言葉が残されています。

昔からこの日を一年の境目として祝う風習があり、旧暦十一月一日が冬至にあたった年は、「朔旦冬至《さくたんとうじ》」といって特に喜ばしいとされ、宮中では祝宴が催されたといいます。

また民間でも、冬至の日になると、邪気を祓うということで、赤い小豆を使った小豆粥《あずきがゆ》や、体内にたまった砂を出すといわれるこんにゃく、かぼちゃ（＝南瓜：なんきん）などの「ん（運）」がつくものを食べたり、柚子湯に入ったりする習わしが今でも続いています。

冬至かぼちゃ

冬至には、かぼちゃ・小豆粥などを食べる習わしは、この日に村里を

巡って春を呼び戻すという神の子を祀り、その供え物を神様と一緒にいただく「直会《なおらい》」の風習からきているといわれています。

冬至にかぼちゃを食べる習慣は、野菜が不足しがちなこの時期に、ビタミンやカロチンを補給するという目的があります。

現代と違い、年中食べ物が手に入らなかった時代には、夏場に収穫したかぼちゃの中でも出来のよいものは、冬場の栄養源として大事に保存して食した

といわれています。

こうしたことから、この日にかぼちゃを食べると、風邪を引かないといわれるようになりました。

柚子湯《ゆずゆ》

冬至に「柚子湯」に入ると風邪を引かず、無病息災で過ごせるという言い伝えがあります。

これは五月の節句の菖蒲湯《しょうぶゆ》と同じように、身を清める禊《みそぎ》の名残りとされていますが、実際、柚子湯には冷え性や神経痛、腰痛《ようつう》などをやわらげてくれる血行促進効果があり、厳しい寒さに負けないための昔の人の知恵といえます。

歳の市

十二月中旬〜大晦日

各地で催される年末恒例のにぎやかな風景

「歳の市」とは、年末になると正月の飾り物や正月用品を売る市のことです。

寺社の門前や境内などに市が立ち、いずれも正月の準備をする人たちでにぎわいます。

注連飾りや羽子板をはじめ裏白《うらじろ》・水引などの飾り物、台所用品や雑貨類も売られていて、これは、正月用の品物もさることながら、新年を迎えるにあたって家庭用品などを買い換える習慣が根づいているためといえます。

東京では浅草の観音市が江戸一番の市として知られていて、昔は正月を迎えるのに必要なものを、この市で揃えたといいます。

浅草羽子板市

東京・浅草寺境内の羽子板市は最も大きな羽子板市として知られています。

昔は歳末恒例の歳の市で羽子板が売られていましたが、今は別に、毎年十二月十七日〜十九日に羽子板市が立つようになりました。

境内に羽子板を売る露店が五十軒ほど並び、大小さまざまな羽子板が、店いっぱいに飾られ

て、夕暮れになると、浅草の仲見世通りも大変な人出でにぎわいます。

世田谷ボロ市

「世田谷ボロ市」は東京都世田谷区の代官屋敷を中心に通称ボロ市通りで開かれている市のことです。

毎年十二月十五日～十六日と一月十五～十六日に開かれており、骨董品や日用雑貨、古本などを売る約七百軒の露店が並びます。

この市は、戦国時代に小田原城主の北条氏政が、無税の市を開くのを認めたのが始まりとされ、「ボロ市」という名前はその後、農具や古着、古道具などを持ち寄った市に変わったことによります。

クリスマス

「クリスマス」は約二千年前、ベツレヘムの馬小屋で生まれたイエス・キリストの誕生日を祝う「降誕祭」です。

キリスト教国では復活祭と並ぶ大切な祝祭日で、二十五日を休日とし、前夜のクリスマス・イブと二十五日のクリスマスには朝からミサが行われています。

キリスト誕生日の正確な日付は不明ですが、四世紀半ば、ローマ時代に「太陽神の祝祭日」をキリストの降誕祭に選んだという説があります。

クリスマスのプレゼント交換の由来

古代ローマの神にサトゥルヌスという農耕の神様がいました。サトゥルヌスは「夜の太陽」とも呼ばれ、冬至の頃の太陽の象徴でした。

古来より北欧民族は冬至を太陽の誕生日と考え、夜の太陽であるサトゥルヌスに祈りを捧げて、新しい春を呼んだとされていました。

この儀式は十二月七日から七日間に渡って開かれ、人々はお互いにプレゼント交換をしていました。この習慣が伝わって、クリスマスにプレゼントを交換するようになったのではないかと考えられています。

また、キリスト教布教のためにキリスト教徒たちがこの冬至の祭りを自分たちの宗教に取り込み、布教活動に用いたのではないかとも考えられています。

大《おお》晦《みそ》日《か》

十二月三十一日

年神様を家に迎え入れる大切な日

十二月三十一日の「大晦日」は、一年を締めくくる日で、年神様を家に迎え入れる一年で最も大切な日とされてきました。

旧暦では毎月の最終日を「晦日」といい、年内最後の晦日である十二月三十一日は「大」をつけて「大晦日」と呼ぶようになったとされています。

晦日は「つごもり」とも読み、「月隠《つきごもり》」が訛ったもので、大晦日を「大つごもり」と呼ぶこともあります。

古くは、その年一年を司る年神様を家族揃ってお迎えするために、大晦日から「年籠《ごも》り」をして一晩中起きている風習があったそうで、大晦日に早寝すると白髪《しらが》になる、しわが寄るなどともいわれていました。

また、明治初期に太陽暦（新暦）が採用されるまでの日本では、月の満ち欠けに基づいた太陰太陽暦（旧暦）が用いられ、一日は日没から始まると考えられていました。

したがって、元日は大晦日の日没から始まるとされていたために、大晦日の夜を新年の始まりとして、おせち料理などの正式な食事をとる地方もあります。

今日では多くの人が大晦日に年越しそばを食べ、元旦に雑煮とおせち料理を食べて、お屠蘇で祝うというのが一般的ですが、本来は大晦日の夕食が新年最初の食事だったわけです。

これを「年取膳」、「年越膳」と呼び、今でもその風習が残る地方もあります。

除夜の鐘

「除夜の鐘」は大晦日に寺院で一〇八回つかれる鐘のことをいいます。

一〇八という数字は仏教思想に基づくもので、人間の持つ煩悩の数だといわれています。

本来は一〇七回を旧年中（十二月三十一日）について、最後の一回を年が明けてからつくものとされていますが、地域や寺院によっては年が明けてから鐘をつくところもあるようです。

年越しそば

大晦日には、そばを食べて新しい年を迎える習慣があります。

そばの形にあやかって、細く長く達者に暮らせるように長寿と幸福を願ったり、そばが切れやすいことから一年の災厄を断ち切るという縁起担ぎで食べるようになったともいわれています。

薬味《やくみ》のネギは、疲れをねぎらう意味の「労《ね》ぐ」、祈る意味の「祈《ね》ぐ」、神職の「禰宜《ねぎ》」などの言葉にかけた語呂合わせであるとされています。

年越しそばは、年越しの頃に食べるのが一般的のようですが、大晦日の夕食の時に食べたり、元旦や一月十四日（小正月の前日）に食べる地方もあるようです。

大祓《おおはらい》

「大祓」は六月三十日と十二月三十一日に、半年の間、知らずに犯した罪や穢れを祓うために行われる神事をいいます。

一般的には産土神《うぶすなかみ》の社前で、かねて配布された紙片の形代《かたしろ》に身の穢れを移し、その形代を産土神の神社へ納め、神官はその形代を集めて祓いの儀式を行い、川や海に流したり、お焚き上げをします。

十二月三十一日の大祓は「年越祓」、「師走の大祓」などといい、奈良時代から受け継がれている神事です。

和ごよみの背景

旧暦《きゅうれき》について

大昔から、人々は季節、年月、日々の変化について月の満ち欠けや太陽の運行をよりどころに判断してきました。

「旧暦」とは、新月（あるいは満月）の日を「一《つい》日《たち》」とし、次の新月までを一か月とする「太陰《たいいん》暦《れき》」と、太陽のまわりを地球が一周する間を一年とする「太陽暦《たいようれき》」を組み合わせた中国伝来の「太陰太陽暦」のことです。

この暦法が六世紀頃に日本に伝わり、千年以上も改良を重ねながら日本の旧暦として、明治五年（一八七二年）に「改暦《かいれき》の詔書《しょうしょ》」が発布され、太陽暦（新暦）に移行するまで使われてきました。

しかし、その後、私たち日本人の生活のテンポが新暦に基づくようになったとはいえ、今もなお、旧暦が日本人の生活の一部となっていることに変わりはありません。

太陽暦と太陰太陽暦の違い

私たちが現在使用している「暦」、「カレンダー」は、その名の通り、太陽の動きを基準にした「太陽暦」に基づいて作られています。

太陽暦と太陰太陽暦の大きな違いは「閏年《うるうどし》」の存在です。地球は三六五・二四二二日かけて太陽の周りを一周するので、太陽暦では四年に一度、二月二十九日を設けて誤差を調整しています。

太陽暦の一年は約三六五日ですが、太陰太陽暦の一年は約三五四日です。この十一日の誤差を調整するため、太陰太陽暦では約三年に一度「閏月《うるうづき》」を設けて一年を十三か月としています。

生活に生きている旧暦

新暦と旧暦では、大きな違いがありますが、現在も旧暦で行われてきた行事が数多く残っていたり、季節や月日の呼び名に旧暦の呼称が使われていたりと、旧暦は私たちの生活の中に引き継がれています。

たとえば、お盆ですが、新暦の七月十五日に行う地域もあれば、ひと月遅れの八月十五日に行う地域、旧暦の七月十五日に行う地域もあるなど、旧暦に基づいた行事が絶えることはありません。

また、季節、月々、日々の変化を表す言葉などにも旧暦ならではの趣があって、物語や詩歌などによく取り入れられており、旧暦が日本の文化として、長く息づいていることがわかります。

二《に》十《じゅう》四《し》節《せっ》気《き》と七《しち》十《じゅう》二《に》候《こう》

二《に》十《じゅう》四《し》節《せっ》気《き》

太陰暦が用いられていた古代中国では、日付と太陽の位置とは無関係だったために、春夏秋冬の循環による暖・暑・涼・寒の往来のずれが生じていました。

このずれを補完するために、日付とは別に、太陽の黄道上の位置、黄経制度（周天三百六十度のこと）を二十四等分し、各一期を約十五日として、それぞれに節気を配置して気候の推移が分かるようにしました。これを二十四節気といいます。

現代の四季の分類では、春は三〜五月、夏は六〜八月、秋は九〜十一月、冬は十二〜二月になりますが、中国の二十四節気は、黄河の中・下流域の気候を基準にしているため、日本の季節とは若干異なり、ひと月ほど先取りすることになります。

七《しち》十《じゅう》二《に》候《こう》

二十四節気を、さらに約五日ずつ三つに分けて、時候の様子を表したものを「七十二候」といいます。

古代中国の二十四節気に対し、七十二候の名称は日本の季節に合うように何度か改訂されています。

七十二候を分類すると自然現象が二十一候、鳥が十七候、植物が十七候、虫が九候、動物が七候、魚が一候となっています。風・雷・雨などの自然や気候の表現が最も多く、季節を知る重要な要素だったようです。

二十四節気

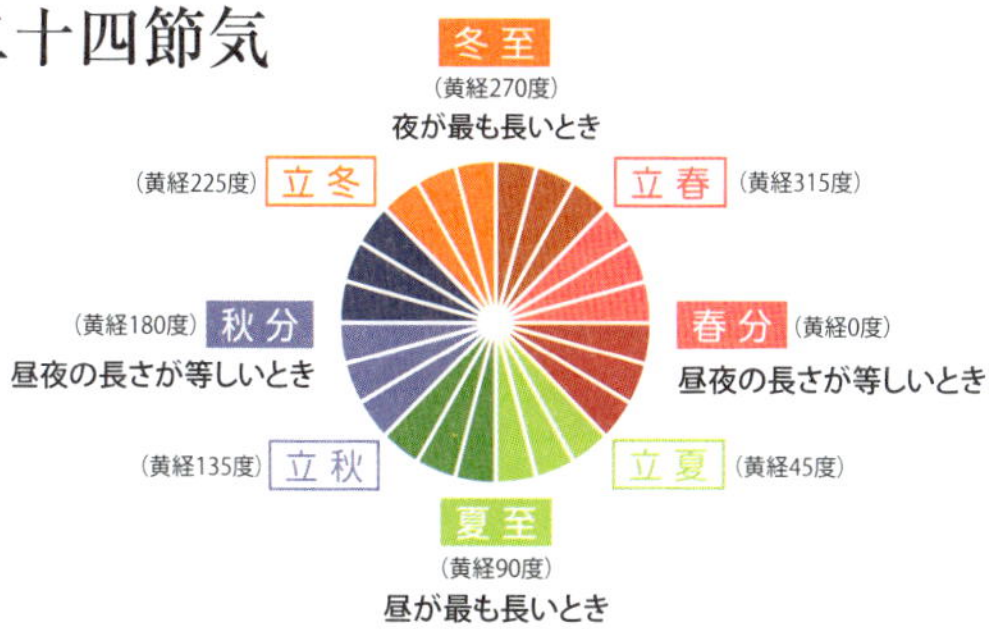

四季	二十四節気	旧暦月名	新暦による日付	四季	二十四節気	旧暦月名	新暦による日付
初春	立《りっ》春《しゅん》	一月節	2月4日頃	初秋	立《りっ》秋《しゅう》	七月節	8月7日頃
	雨《う》水《すい》	一月中	2月18日頃		処《しょ》暑《しょ》	七月中	8月23日頃
仲春	啓《けい》蟄《ちつ》	二月節	3月5日頃	仲秋	白《はく》露《ろ》	八月節	9月8日頃
	春《しゅん》分《ぶん》	二月中	3月21日頃		秋《しゅう》分《ぶん》	八月中	9月23日頃
晩春	清《せい》明《めい》	三月節	4月5日頃	晩秋	寒《かん》露《ろ》	九月節	10月8日頃
	穀《こく》雨《う》	三月中	4月20日頃		霜《そう》降《こう》	九月中	10月23日頃
初夏	立《りっ》夏《か》	四月節	5月5日頃	初冬	立《りっ》冬《とう》	十月節	11月7日頃
	小《しょう》満《まん》	四月中	5月21日頃		小《しょう》雪《せつ》	十月中	11月22日頃
仲夏	芒《ぼう》種《しゅ》	五月節	6月5日頃	仲冬	大《たい》雪《せつ》	十一月節	12月7日頃
	夏《げ》至《し》	五月中	6月21日頃		冬《とう》至《じ》	十一月中	12月22日頃
晩夏	小《しょう》暑《しょ》	六月節	7月7日頃	晩冬	小《しょう》寒《かん》	十二月節	1月6日頃
	大《たい》暑《しょ》	六月中	7月23日頃		大《だい》寒《かん》	十二月中	1月21日頃

七十二候　春

立春《りっしゅん》

第一候　東風解凍《とうふうこおりをとく》
春風が吹き氷が解け始める

第二候　蟄虫始振《ちっちゅうはじめてふるう》
春の気を感じ、土の中の虫が、ごそごそと動き始める

第三候　魚上氷《うおこおりをのぼる》
割れた氷の間から魚が飛び出す

雨水《うすい》

第四候　獺祭魚《たつうおをまつる》
かわうそが捕らえた魚を岸などに並べて食べる

第五候　鴻雁来《こうがんきたる》
にぎやかに鳴いていた雁（がん）が北へ渡っていく

第六候　草木萌動《そうもくきざしうごく》
草や木が芽生え始める

啓蟄《けいちつ》

第七候　桃始華《ももはじめてはなさく》
桃の花が咲き始める

第八候　倉庚鳴《そうこうなく》
山里でうぐいすが鳴き始める

第九候　菜虫化蝶《なむしちょうとけす》
青虫が羽化して紋白蝶になる

春分《しゅんぶん》

第十候　玄鳥至《げんちょういたる》
つばめが南からやってくる

第十一候　櫻始開《さくらはじめてひらく》
桜の花が咲き始める

第十二候　始雷《はじめていなびかりす》
雷の音だけでなく、雨もともなって稲妻が初めて光る

清明《せいめい》

第十三候　桐始華《きりはじめてはなさく》
陽気が暖かくなって桐の花が咲き始める

第十四候　田鼠化為鴽《でんそけしてうずらとなる》
もぐらが陽気を強く感じてうずらになる

第十五候　虹始見《にじはじめてあらわる》
雨あがりに鮮やかな虹を見始める

穀雨《こくう》

第十六候　萍始生《うきくさはじめてしょうず》
湖などに生えている浮き草が芽を吹き出し始める

第十七候　鳴鳩払其羽《めいきゅうそのはねをはらう》
鳴鳩（いかるという鳥）が羽を払う

第十八候　戴勝降于桑《たいしょうくわにくだる》
かっこうが桑の木に止まって蚕を生む

七十二候 夏

立夏《りっか》

第十九候 螻蟈鳴《ろうこくなく》
雨蛙（あまがえる）が鳴き、産卵を始める

第二十候 蚯蚓出《きゅういんいず》
ミミズがはい出てくる

第二十一候 竹笋生《ちくかんしょうず》
竹の子が生えてくる

小満《しょうまん》

第二十二候 苦菜秀《くさいひいず》
にが菜がよく茂る

第二十三候 靡草死《びそうかる》
田に生える草などが強い日光に当たって枯れる

第二十四候 小暑至《しょうしょいたる》
ようやく暑さも加わり始める

芒種《ぼうしゅ》

第二十五候 螳螂生《とうろうしょうず》
カマキリが生まれ始める

第二十六候 鵙始鳴《もずはじめてなく》
もずが鳴き始める

第二十七候 反舌無声《はんぜつこえなし》
うぐいすが鳴かなくなる

夏至《げし》

第二十八候 鹿角解《しかつのをおつ》
鹿が角を落とす

第二十九候 菖蒲華《しょうぶはなさく》
菖蒲の花が咲く

第三十候 半夏生《はんげしょうず》
烏柄杓（からすびしゃく）が生え始める

小暑《しょうしょ》

第三十一候 温風至《うんぷういたる》
盛夏となり暖かい風が吹いてくる

第三十二候 蟋蟀居壁《しっしゅつかべにおる》
きりぎりすが壁で鳴く

第三十三候 鷹乃学習《たかすなわちがくしゅうす》
鷹の幼鳥が飛ぶことを覚える

大暑《たいしょ》

第三十四候 桐始結花《きりはじめてはなをむすぶ》
桐の花が結実して実がなり始める

第三十五候 土潤溽暑《つちうるおいてあつし》
大地がじっとりして蒸し暑くなる

第三十六候 大雨時行《たいうときにゆく》
ときどき大雨が降る

七十二候 秋

立秋《りっしゅう》

第三十七候 涼風至《りょうふういたる》
涼しい風が吹き始める

第三十八候 白露降《はくろくだる》
秋の気配がやや強くなり、朝露が降り始める

第三十九候 寒蟬鳴《かんせんなく》
ひぐらしが鳴き始める

処暑《しょしょ》

第四十候 鷹乃祭鳥《たかすなわちとりをまつる》
鷹が捕らえた鳥を並べて食べる時期

第四十一候 天地始粛《てんちはじめてしじむ》
ようやく暑さも鎮まる

第四十二候 禾乃登《かすなわちみのる》
穀物が実り始める

白露《はくろ》

第四十三候 草露白《そうろしろし》
草に落ちた露が白く光る

第四十四候 玄鳥帰《げんちょうかえる》
ツバメが南を目指して帰っていく

第四十五候 羣鳥養羞《ぐんちょうしゅうをやしなう》
多くの鳥が食物を蓄え冬に備える

秋分《しゅうぶん》

第四十六候 雷乃収声《らいすなわちこえをおさむ》
雷の音が聞かれなくなる

第四十七候 蟄虫坏戸《ちっちゅうとをとざす》
虫が土中に作った穴をふさぐ

第四十八候 水始涸《みずはじめてかる》
水田の水を干し始め、収穫に備える

寒露《かんろ》

第四十九候 鴻雁来《こうがんきたる》
雁（がん）がやってくる頃

第五十候 菊花開《きくかひらく》
菊の花が咲き始める

第五十一候 蟋蟀在戸《しつそくこにあり》
きりぎりすが戸で鳴く頃

霜降《そうこう》

第五十二候 豺乃祭獣《さいすなわちけものをまつる》
やまいぬが捕らえた獣を並べて食べる

第五十三候 霎時施《しぐれときどきほどこす》
小雨がしとしと降ってわびしい

第五十四候 楓蔦黄《ふうかつきなり》
紅葉や蔦の葉が黄葉し始める

七十二候 冬

立冬《りっとう》

第五十五候 **水始氷**《みずはじめてこおる》
寒さが増し、水も凍り始める

第五十六候 **地始凍**《ちはじめてこおる》
大地が凍り始める

第五十七候 **金盞香**《きんせんこうばし》
水仙の花が咲き始める

小雪《しょうせつ》

第五十八候 **虹蔵不見**《にじかくれてみえず》
虹を見かけなくなる

第五十九候 **朔風払葉**《さくふうはをはらう》
北風が木の葉を吹き散らす

第六十候 **閉塞而成冬**《へいそくしてふゆをなす》
天地の気が塞がって真冬となる

大雪《たいせつ》

第六十一候 **鶡鳥不鳴**《かっちょうなかず》
やまどりも鳴かなくなる

第六十二候 **熊蟄穴**《くまあなにちっす》
熊が冬眠のために穴に隠れる

第六十三候 **茘挺出**《れいていいずる》
寒気強まり、おおにらが芽を出し始める

冬至《とうじ》

第六十四候 **蚯蚓結**《きゅういんむすぶ》
ミミズが寒気で地中でかたまりとなる

第六十五候 **麋角解**《びかくげす》
大鹿の角が落ち生え替わる

第六十六候 **雪下出麦**《せっかむぎをいだす》
雪の下から麦が芽を出し始める

小寒《しょうかん》

第六十七候 **雁北郷**《かりきたにむかう》
雁が北へ向かって渡る

第六十八候 **水泉動**《すいせんうごく》
地中で凍った泉が動き始める

第六十九候 **野雞始雊**《やけいはじめてなく》
キジが鳴き始める

大寒《だいかん》

第七十候 **鶏始乳**《にわとりはじめてにゅうす》
鶏が春の気を感じ、卵を産み始める

第七十一候 **鷙鳥厲疾**《しちょうれいしっす》
鷲や鷹などが空高く、かつ速く飛び始める

第七十二候 **水沢腹堅**《すいたくあつくかたし》
沢に氷が厚く張りつめる

五《ご》節《せっ》句《く》と雑《ざっ》節《せつ》

五《ご》節《せっ》句《く》

「節」とは、季節が変わる節目のことで「節《せち》日《にち》」といい、昔から二十四節気などとは別に、祝祭の日とされてきました。

元来、節日の行事は、ほぼ中国から伝わった習わしですが、日本古来の年中行事と結びついて長く継承されています。

節句（節供）のなかでも、「人日《じんじつ》（一月七日）」、「上巳《じょうし》（三月三日）」、「端午《たんご》（五月五日）」、「七夕《しちせき》（七月七日）」、「重陽《ちょうよう》（九月九日）」の五つは、「五節句（五節供）」と呼ばれ、江戸時代には公的な行事・祝日として定められています。

実際の季節と合わない「節句」

五節句は元来、季節の節目を知るための目安でしたが、新暦を使用している現代でも同じ日付で定められているため、実際の季節とは一か月ほどの違いがあって、時期が合わなくなることがあります。

たとえば、「桃の節句」とも呼ばれる三月三日の「上巳の節句」は、旧暦ではもう少し暖かい頃に行われていました。また「菊の節句」と呼ばれる「重陽の節句」も、新暦九月九日は菊を観賞するには、まだ早すぎる時期です。

こうしたことから、節句にちなむ祭りは、旧暦に合わせて一か月遅れで行う地域も多いようです。

雑節《ざっせつ》

二十四節気のほかに、旧暦では、一年間の季節の推移を把握するために、補助的な意味から特別な暦日として「雑節」が設けられています。

雑節は特に農事に関わる習わしが多いのが特徴で、古くから庶民の日々の生活の中に溶け込んで、伝統的な民俗行事や年中行事として定着しています。

雑節としてよく知られているのが、節分、彼《ひ》岸《がん》、八十八夜《はちじゅうはちや》、入梅《にゅうばい》、半夏生《はんげしょう》、土用《どよう》、二百十《にひゃくとお》日《か》などです。

また、二十四節気が関係しない雑節としては、初午《はつうま》（二月最初の午《うま》の日）、盂蘭盆会《うらぼんえ》（七月十三日〜十六日）、中元《ちゅうげん》（七月十五日）、八朔《はっさく》（八月一日）、大祓《おおはらい》（六月三十日・十二月三十一日）などがあります。

陰陽五行説《いんようごぎょうせつ》と干支《かんし》

陰陽五行説《いんようごぎょうせつ》

古代中国では、万物はすべて「陰」と「陽」二つの要素に分けられるとする「陰陽説《いんようせつ》」と、すべて「木」、「火」、「土」、「金」、「水」の五つの要素からなるとする「五行説《ごぎょうせつ》」という思想がありました。

これらを組み合わせて「陰陽五行説」といい、五行（木《もく》・火《か》・土《ど》・金《ごん》・水《すい》）に、それぞれ陰陽を加えたものが「十干《じっかん》」です。日本では、「陰」と「陽」を「兄《え》」と「弟《と》」に見立て、「兄弟《えと》」とも呼ぶこともあります。

干支《かんし》

「干支」とは十干と十二支を組み合わせたもので、昔は年月日を干支で表していました。

十干

十干	音読み	五行	陰陽	五行陰陽	訓読み
甲	こう	木	陽（兄）	木の兄	きのえ
乙	おつ		陰（弟）	木の弟	きのと
丙	へい	火	陽（兄）	火の兄	ひのえ
丁	てい		陰（弟）	火の弟	ひのと
戊	ぼ	土	陽（兄）	土の兄	つちのえ
己	き		陰（弟）	土の弟	つちのと
庚	こう	金	陽（兄）	金の兄	かのえ
辛	しん		陰（弟）	金の弟	かのと
壬	じん	水	陽（兄）	水の兄	みづのえ
癸	き		陰（弟）	水の弟	みづのと

十《じっ》干《かん》

「十干」は、「甲《こう》・乙《おつ》・丙《へい》・丁《てい》・戊《ぼ》・己《き》・庚《こう》・辛《しん》・壬《じん》・癸《き》」と、日にちを十日のまとまりで数えるための呼び名でした。これは十日を「一旬」とする考え方で、三つの旬（上旬、中旬、下旬）で一か月とします。

十二支《じゅうにし》

「十二支」は、十二か月の順序を表す呼び名ですが、もともとは植物の成長過程を十二の段階で表したものだともいわれています。それがやがて「子《ね》・丑《うし》・寅《とら》・卯《う》・辰《たつ》・巳《み》・午《うま》・未《ひつじ》・申《さる》・酉《とり》・戌《いぬ》・亥《い》」の十二種類の動物に当てはめられるようになったとされています。

十干が宇宙の「気」を表したものであるのに対して、十二支は時間、季節の推移を表したもので、暦上では、月を主体に一年間の季節を示すために用いられました。そして「子《ね》」に始まり「亥《い》」に終わるというように、事物の盛衰の大意がそれぞれに込められるようになりました。

また、日常生活の中で、時間や方角を表すことにも使われています。十二支で用いられている動物の名前は、それぞれの季節や方角、陰陽の象意に基づいています。

十二支

十二支	音読み	訓読み	五行
子	し	ね	水
丑	ちゅう	うし	土
寅	いん	とら	木
卯	ぼう	う	木
辰	しん	たつ	土
巳	し	み	火
午	ご	うま	火
未	び	ひつじ	土
申	しん	さる	金
酉	ゆう	とり	金
戌	じゅつ	いぬ	土
亥	がい	い	水

時刻

十二支における時刻は、最初に夜の十二時（〇時）前後の二時間（二十三時〜一時）を「子《ね》の刻《こく》」とし、順に二時間ごとに十二支で表しています。そして、この二時間を一刻として、その前半の始まりを「初刻《しょこく》」、後半の始まりを「正刻《せいこく》」といいます。

現在でも「正午」、「午前」、「午後」という呼び方がされていますが、これは昼の十二時頃が「午《うま》」を表したことに由来します。

さらに各二時間を四等分して「一つ・二つ・三つ……」とし、たとえば午前二時のことを「丑三《うしみ》つ時」といいます。

また、十二支とは別に、夜と昼の十二時を「九つ」とし、それを起点に二時間ごとに数を減らすという時刻の表し方もありました。たとえば午前六時を「明け六つ」、午後六時を「暮れ六つ」などといいます。

干支と時刻

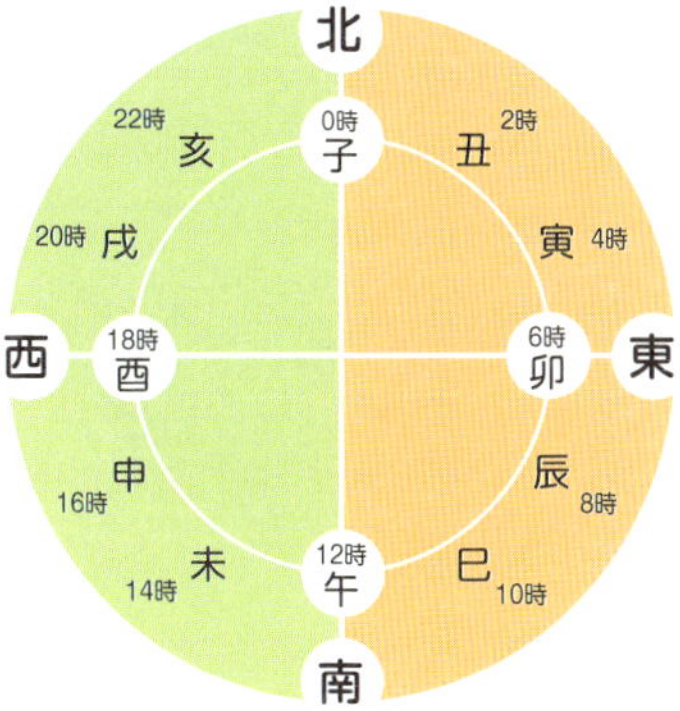

方位

方位については、北を「子《ね》」として順に表しています。各方位は、南を「午《うま》」、東を「卯《う》」、西を「酉《とり》」としています。北東は「丑《うし》」と「寅《とら》」の間に位置するため「艮《うしとら》」といい、同様に南東は「巽《たつみ》」、南西は「坤《ひつじさる》」、北西は「乾《いぬい》」と表します。

六曜《ろくよう》
（六輝《ろっき》）

「六曜」は六曜星を略した呼び方で、明治以降、現在のカレンダーで使われる七曜（月・火・水・木・金・土・日）が利用されるようになって、七曜と区別するために「六輝《ろっき》」とも呼ばれるようになりました。

六曜は、十四世紀（鎌倉時代～室町時代）頃、中国から日本に伝わったといわれています。その後、広く使われるようになったのは、太陽暦を導入した一八七二年（明治五年）以降です。旧暦による日の吉凶を改暦の際、公式の暦から外されたため、民間の暦として導入されたといわれています。

時代の変遷とともに名称や順序も変化して、現在では、先勝、友引、先負、仏滅、大安、赤口となっています。

現代でも慶事には仏滅を避けるといった習慣が残っています。本来、六曜は古代中国において、五行に付した時刻の吉凶占いでしたが、日本に入ってきてから方位の吉凶判断にも使われています。

先勝（せんかち）

先勝日を略したもので、「せんしょう」、「さきがち」などとも読みます。この日は、急用や訴訟などに用いて吉の日とされています。ただし、午後は凶となります。

友引（ともびき）

友引日を略したもので「ゆういん」とも読みます。この日は、午前中と夕刻と夜は相引きで勝負なしの吉の日ですが、昼は凶になります。この日に葬儀を行うと、死人の道連れにされる恐れがあるといわれています。

先負（せんまけ）

先負日を略したもので、「せんぶ」、「さきまけ」などとも読みます。この日は静かにしているのがよい日で、特に公事や急用は避けたほうがよいとされています。ただし、午後は大吉となります。

仏滅（ぶつめつ）

仏滅日の略です。この日は移転、開店、新規事業の開始など、陰陽道においては、あらゆることに対して悪い凶の日とされています。

大安（たいあん）

大安日の略で、「だいあん」とも読みます。この日は婚礼、旅行、建築、移動、開店などをはじめ、あらゆることに用いて吉の日であるとされています。

赤口（しゃっこう）

赤口日の略で「しゃっく」、「じゃっこう」などとも読みます。この日は赤口神が衆生《しゅじょう》を悩ますため、何事をするのにも悪い凶の日とされています。ただし、正午のみは吉となります。

干支表

1	2	3	4	5	6	7	8	9	10
甲子《きのえね》 コウシ (カツシ)	乙丑《きのとうし》 イツチュウ (オツチュウ)	丙寅《ひのえとら》 ヘイイン	丁卯《ひのとう》 テイボウ	戊辰《つちのえたつ》 ボシン	己巳《つちのとみ》 キシ	庚午《かのえうま》 コウゴ	辛未《かのとひつじ》 シンビ	壬申《みづのえさる》 ジンシン	癸酉《みづのととり》 キユウ
11	12	13	14	15	16	17	18	19	20
甲戌《きのえいぬ》 コウジュツ	乙亥《きのとい》 イツガイ (オツガイ)	丙子《ひのえね》 ヘイシ	丁丑《ひのとうし》 テイチュウ	戊寅《つちのえとら》 ボイン	己卯《つちのとう》 キボウ	庚辰《かのえたつ》 コウシン	辛巳《かのとみ》 シンシ	壬午《みづのえうま》 ジンゴ	癸未《みづのとひつじ》 キビ
21	22	23	24	25	26	27	28	29	30
甲申《きのえさる》 コウシン	乙酉《きのととり》 イツユウ (オツユウ)	丙戌《ひのえいぬ》 ヘイジュツ	丁亥《ひのとい》 テイガイ	戊子《つちのえね》 ボシ	己丑《つちのとうし》 キチュウ	庚寅《かのえとら》 コウイン	辛卯《かのとう》 シンボウ	壬辰《みづのえたつ》 ジンシン	癸巳《みづのとみ》 キシ
31	32	33	34	35	36	37	38	39	40
甲午《きのえうま》 コウゴ	乙未《きのとひつじ》 イツビ (オツビ)	丙申《ひのえさる》 ヘイシン	丁酉《ひのととり》 テイユウ	戊戌《つちのえいぬ》 ボジュツ	己亥《つちのとい》 キガイ	庚子《かのえね》 コウシ	辛丑《かのとうし》 シンチュウ	壬寅《みづのえとら》 ジンイン	癸卯《みづのとう》 キボウ
41	42	43	44	45	46	47	48	49	50
甲辰《きのえたつ》 コウシン	乙巳《きのとみ》 イツシ (オツシ)	丙午《ひのえうま》 ヘイゴ	丁未《ひのとひつじ》 テイビ	戊申《つちのえさる》 ボシン	己酉《つちのととり》 キユウ	庚戌《かのえいぬ》 コウジュツ	辛亥《かのとい》 シンガイ	壬子《みづのえね》 ジンシ	癸丑《みづのとうし》 キチュウ
51	52	53	54	55	56	57	58	59	60
甲寅《きのえとら》 コウイン	乙卯《きのとう》 イツボウ (オツボウ)	丙辰《ひのえたつ》 ヘイシン	丁巳《ひのとみ》 テイシ	戊午《つちのえうま》 ボゴ	己未《つちのとひつじ》 キビ	庚申《かのえさる》 コウシン	辛酉《かのととり》 シンユウ	壬戌《みづのえいぬ》 ジンジュツ	癸亥《みづのとい》 キガイ

干支とは

干支は、十干の1字と十二支の1字を配して組み合わせたものです。

十干は10文字、十二支は12文字です。十干の最初の「甲」と、十二支の最初の「子」の組み合わせでスタートし、次に2番目の「乙と丑」、3番目の「丙と寅」というように十干と十二支を順番に組み合わせていきます。

すると、11番目の十干はまた「甲」になりますが、十二支はまだ「戌と亥」が残っています。そこで、11番目を「甲と戌」、12番目を「乙と亥」と組み合わせます。

このようにすると、60番目に「癸と亥」の組み合わせとなり、61番目に1番目の「甲と子」になります。つまり、干支は60通りになるので「六十干支」ともいいます。

知っておきたい
人生儀礼のしきたり

帯祝《おびいわ》い

一般的に、妊娠五か月目を迎えると胎児が順調に発育し、母子ともに安定期に入ります。「帯祝い」は「着帯《ちゃくたい》の儀」ともいい、この時期にお産が軽くなることを願い、子だくさんの犬にあやかって戌《いぬ》の日に「岩田帯《いわたおび》」という腹帯《はらおび》を妊婦に贈る習わしです。

岩田帯は齋肌帯《いはだおび》が語源とされています。齋には「忌み」という意味があり、出産を単なる「おめでた」だけではなく、生と死の境目にある特別なことと受け止められてきたことがうかがえます。

帯祝いのときに、地域によっては腹帯に犬という文字を書いて巻く習わしなども残っており、犬が安産のお守りとされているのは、多産でお産も軽い上に、人間にとって最も身近な動物であるからともいわれています。

もともと帯祝いは、皇室や武家で行われてきた儀式で、江戸時代頃から一般に広まったようです。

現在では特に戌の日にこだわらずお祝いするようになりましたが、腹帯は単に習わしや安産祈願だけではなく、お腹を保温し、赤ちゃんの位置を安定させるという役割もあり、安定期に入った五か月目に腹帯を巻くことは理にかなっているといえます。

安産祈願を行っているか、腹帯を授けていただけるかは、神社やお寺に尋ねてみてください。安産祈願の吉日とされている戌の日は月に二、三日あるので、暦で調べてから帯祝いをするとよいでしょう。

お祓い後、腹帯を受け取り、家に戻って着帯します。帯の巻き方は、病院で指導してもらえることが多いようですが、神社やお寺で教えていただけることもあります。

帯祝いの習わし

現在はあまり行われていないようですが、かつて着帯のときには、両家の親、親族の中で子宝に恵まれている夫婦を「帯親」として迎え、帯親役の女性が妊婦に帯を巻くのがしきたりでした。

岩田帯は、儀式用の紅白二本の絹の帯と、普段使うための白木綿の帯を妻の実家から贈るのが習わしです。

デパートや安産祈願の神社で三千円程度から購入できます。着用しやすいガードルタイプやコルセットタイプなどの腹帯もありますので使いやすいものを選ぶとよいでしょう。

お七夜《しちや》と お宮参《みやまい》り

お七夜《しちや》

「お七夜」は赤ちゃんの成長を祝う儀式の一つです。「お七夜の祝い」、「名づけ祝い」、「命名式」ともいわれ、本来は命名式を兼ねたお祝いです。

現在は十四日以内に出生届を提出することが決められているので、名前をつけるのは十四日以内という考え方が一般的になっています。

お七夜の由来は詳しくはわかっていませんが、平安時代あたりから赤ちゃんを初めて社会の一員として認知してもらうために、産土神《うぶすながみ》や氏神に報告する行事が行われていたようです。ちなみに、天皇家では、命名までの赤ちゃんの呼び名を「新宮《しんみや》」としています。

お七夜のお祝いは、昔は親しい間柄の人や助産婦、仲人夫妻、親戚などを招いて祝っていました。しかし、現在では赤ちゃんの両親が、双方の親や身近な人を招いて、内輪で行うのが一般的です。

お祝いの献立は、お赤飯、尾頭付きの魚などの祝い膳が一般的ですが、最近では産婦が食べやすいように好きなメニューで簡単な祝い膳にすることも多いようです。また、七日目にこだわらずに、母子の体調のよい頃にお祝いの食事会を行っても構いません。

お宮《みや》参《まい》り

「お宮参り」は、赤ちゃんが生まれて初めて土地の守り神である産土神や氏神にお参りする行事をいいます。

産土《うぶすな》参り、初《はつ》宮《みや》参り、初《はつ》宮詣《みやもうで》などと呼ぶこともあります。

このお参りで赤ちゃんの誕生を神様に報告し、氏子《うじこ》の一員として認めてもらうわけです。

お宮参りの仕方は、地方によってしきたりが異なりますが、あまり仰々しく考えずに、家族で近くの神社にお参りして、子供が無事に生まれたことを感謝し、報告します。

母親の安産のお礼も兼ねてお宮参りをする風習もあります。

安産の神様といえば水《すい》天《てん》宮《ぐう》がよく知られています。水天宮は安産、子授け、子育ての神様であることから、全国各地の水天宮には、安産のお礼と、赤ちゃんの健やかな成長を祈るお宮参りを合わせて一緒にお参りする風習があります。

お食《く》い初《ぞ》め

「お食い初め」は、初めて赤ちゃんにご飯を食べさせる祝いの行事です。

歯が生えるまでに成長したことを喜び、赤ちゃんが「一生食べ物に困らないように」という願いを込めて、祝い膳を用意し、赤ちゃんに食事のまねごとをさせる儀式です。

お食い初めの起源や由来ははっきりしていませんが、平安時代から行われていたようです。

平安時代には、赤ちゃんにお餅を食べさせる「百日《ももか》」という行事があり、その後、食べさせるものが餅から魚肉に変わり、鎌倉時代には「真魚《まな》初め」と呼ばれるようになりました。「真魚初め」は、初めて箸を使うことから「箸《はし》揃《ぞろ》え」、「箸初め」とも呼ばれていました。

お祝いの時期は、地方によって異なりますが、生後百日目（地方によっては百十日目や百二十日目もあります）頃に行うのが一般的です。

とはいえ、あまり厳密に考えずに百日前後を目安に、赤ちゃんの体調を考慮して祝い日を決めてもよいでしょう。

また、この時期になると赤ちゃんの表情も豊かになり、色ものの服が似合うようになるので、お食い初めと一緒に「色直し式」として、それまでの白い産着から色物の晴れ着に着せ替える地域もあります。

祝い膳は、母方の実家が贈るのが習わし

伝統的なお食い初めの食器は、「食い初め椀」という鶴亀や松竹梅などのめでたい蒔絵模様の描かれたお椀や白木の箸で、男の子なら朱塗り、女の子なら黒内朱塗りの膳に並べます。

祝い膳は母方の実家から贈るという風習にしたがって、母方の祖父母が用意する場合もあります。現在では、離乳食の出発点と考え、離乳食用の食器を揃えて、お食い初めの日に使い始める家庭も多くなりました。

献立は地方によって異なり、代表的な献立は赤飯に鯛などの尾頭付きで、すまし汁などで一汁三菜のお祝い膳を用意します。

最近では、この月齢の赤ちゃんが実際に食べられるスープや果汁、プリン、離乳食を用意する家庭もあります。また、しわが多くなるほど長生きできるという願いをこめた梅干しや丈夫な歯が生えるようにと「歯固めの小石」を添える習わしも残っています。

この小石は、神社やお寺の境内の石や海や川など水辺の石を用いることが多いようです。

初《はつ》誕《たん》生《じょう》と初《はつ》節《せっ》句《く》

初《はつ》誕《たん》生《じょう》

生後一年目に迎える誕生日を「初誕生」として特別に祝う習慣があります。

昔は、元旦を迎えるとすべての人が一つ年をとるという「数え年」で年齢を数えていたために誕生日を特に祝うことはなかったのですが、初誕生だけは盛大に祝っていたので、現在も初誕生を祝う習慣が残っています。

初誕生の祝い方

生後一年目は赤ちゃんがちょうど立ち歩きを始め、自力で歩き始める時期になります。

初誕生日には「立ち餅」とか「力餅」といわれるお餅をついて、赤ちゃんに背負わせたりします。

「歩き祝い」などとも呼ばれるこの初誕生の祝

い方は、地域によってさまざまです。

　親戚や知人を招いて誕生餅をつき、それを一《いっ》升《しょう》餅《もち》にして赤ちゃんに背負わせたり、踏ませたり、あるいは一升のお米を背負わせるなど、いろいろな形で祝う行事が伝えられています。

　一升は「一生」、餅は「力持ち」を意味し、一生食べ物に困らずに丈夫に育つようにという願いが込められています。

　一歳の赤ちゃんが一升の餅を背負って立ち上がることは容易ではありませんが、早く歩き出すと家を離れるのが早くなってしまうので、それを止めるため、あるいは一生食べ物に困らないように、背負いきれないほどの餅を持たせるなどのいわれがあります。

初《はつ》節《せっ》句《く》

　赤ちゃんが生まれて最初に迎える節句を「初節句」といい、赤ちゃんの健やかな成長をお祝いする儀式です。

　男の子は五月五日の端午の節句に、女の子は三月三日の上巳の節句に、厄除けと健康を願いお祝いするのがしきたりです。

　生まれて一、二か月以内などに初節句を迎える場合は、母子の負担を考えて、翌年に延ばしてもかまいません。

七五三

「七五三」は、もともと平安貴族が子供の成長に合わせて髪型や衣服を変えていく儀式に由来するといわれています。

男女児とも三歳になると髪を伸ばして結い直す「髪置《かみおき》」と、男児は五歳になると袴と小袖《こそで》を着て扇を持つ「袴着《はかまぎ》」、女児は七歳になると初めて本式の帯を締める「帯解《おびとき》」という儀式を行っていました。

なぜ七五三は十一月十五日なのかという点については諸説あるようです。

インドの二十七宿という暦注では、十一月十五日は「鬼宿日《きしゅくにち》」にあたり、鬼が自分の家から出ない日とされていました。この日は鬼に邪魔されずに、婚礼以外のことであれば、物事を行うのに最良の日ということで、子供の成長を祝う日としてもふさわしく、江戸時代にこの日付が定着したといわれています。

とはいえ、現在では十一月十五日に限らず、十月末から十一月末位までの都合のよい日にお参りに行くことが多いようです。

現在は満年齢で祝うのが一般的

お祝いの仕方は、女の子が三歳と七歳、男の子は三歳と五歳。年齢は数えでも満でもよいですが、現在は満年齢が一般的になっています。

地元の氏神様にお参りしてお祓いを受け、その後、内輪だけでお祝いの膳を囲んだり、自宅で子供中心のお祝いのお食事をすることが多いようです。

また、写真館で親子の記念写真を撮ることも増えていますが、この時期は混む場合が多いので、一か月程前には日程を決め、記念写真や着るもののレンタルなどを予約しておきたいものです。

千歳飴《ちとせあめ》は子供の年齢数を入れる

子供の健康と長寿を願う千歳飴は、「鶴亀」など縁起のよい絵が描かれた袋に子供の年の数だけ入れます。

千歳飴が棒状になっているのは、「長く伸びる」にちなんで子供の長寿を願う気持ちが、紅白の色にはこれまで無事に育ったことを祝う気持ちが込められています。

千歳飴の由来は、江戸時代に浅草の飴屋が「千年飴」という名で売り出したのが始まりとされています。この飴を食べると千年も寿命が持つといわれ、千歳飴《せんざいあめ》とも呼ばれています。

成人式

「成人式」は、昔でいう加冠《かかん》の儀にあたり、皇族や貴族の男子が髪を改めて冠をかぶる儀式です。武家社会の場合は元服《げんぷく》式が成人式にあたり、後に、この習わしが庶民の間にも広まっていきました。

また、女子の元服にあたる行事は「髪あげ」あるいは「裳着《もぎ》（裳という服をつけること）」といい、江戸時代には、女性はお歯黒《はぐろ》（歯を黒く染める）をすることで一人前と認められました。

現在では自治体が中心となって行う式典が、成人の日（一月第二月曜日）の行事として行われています。

式典は、住所がある自治体から案内が来て、参加する新成人が多く、友人同士会場で集まって旧交を温めあったりしています。

この日は子供が成長して大人になったお祝いの日なので、自治体の記念式典に出席するだけでなく、ご家庭でお赤飯を炊いたり、家族揃ってレストランなどでお祝いの食事をするのもよい記念になります。

せっかくの晴れ舞台なので神社やお寺で成人祝いのご祈祷をしてもらっても良いかもしれません。家族や親族、あるいは友人たちと成人となる誓いをたて、これからの願いや成功を祈願しましょう。

成人式は大人になった青年を祝い励ます行事

現在では、一月の第二月曜日が成人の日と決められています。

一九四八年（昭和二十三年）に「国民の祝日に関する法律」で「おとなになったことを自覚し、みずから生き抜こうとする青年を祝いはげます日」に制定されて祝日となりました。

満二十歳になると選挙権をはじめ飲酒、喫煙などの社会的権利が認められます。

同時に、社会人としての義務や責任を負うことにもなるわけで、成人式は社会人としての自覚を持つための行事ともいえます。

結婚式

現在、結婚式の様式は多様化しています。ここではオーソドックスな神前結婚式、キリスト教式結婚式、仏前結婚式の三つの結婚様式について紹介します。なお、式次第の流れは祭神や教派によって異なることがあります。

神前結婚式

「神前結婚式」が現在のような形になったのは明治三十三年の大正天皇と貞明皇后のご成婚に始まります。

この結婚式の内容を基本に、日比谷大神宮（現東京大神宮）が神前結婚式の形式を作り、それが一般に普及して、現在のような神前結婚式の様式ができあがりました。現在は本格的に神社で挙式を執り行うケースもありますが、結婚式の準備や披露宴などを考慮して、ホテルや結婚式場の神殿で挙式を行うことが多くなっています。

神前結婚式の流れ

❶**入場**…巫女《みこ》の先導で、新郎新婦を先頭に媒《ばい》酌人《しゃくにん》夫妻、両親、血縁の近い順に親族が入場。

❷**修祓《しゅうばつ》の儀**…新郎新婦をはじめ、参列者全員の心身を清めるお祓いの儀式。

❸**斎主一拝《さいしゅいっぱい》**…神職（斎主）が神座に向かって一拝するのに合わせて全員も一拝する。

❹**祝詞奏上《のりとそうじょう》**…神職（斎主）が神に対して、結婚を報告し、祝詞を読み上げる。

❺**三献《さんこん》の儀**…新郎新婦が交互に御神酒《おみき》を飲み交わして夫婦の契りを結ぶ三三九度の儀式。

❻**誓詞奏上《せいしそうじょう》**…新郎新婦が神前で誓いの詞を読み上げる儀式。

❼**玉串奉奠《たまぐしほうてん》**…玉串（神榊の小枝に半紙で作った紙垂《しで》を下げたもの）を、挙式が滞りなく終わった礼として神前に供える儀式。

❽**神楽奉納《かぐらほうのう》**…太鼓や笛などに合わせた巫女の舞を奉納。

❾**親族杯《しんぞくはい》の儀**…結婚によって結ばれた新たな親族の誕生を祝って御神酒を飲む儀式。

⑩**斎主一拝**…神職（斎主）が神棚に向かって一拝するのに合わせて、参列者全員が起立して一拝する。

⑪**退場**…神職（斎主）が退場した後、新郎新婦と参列者が退場。

キリスト教式結婚式

「キリスト教式結婚式」を挙げたいと希望する場合は、ホテルや専門の結婚式場が設けているチャペルで行うことがほとんどです。

キリスト教の宗派にはカトリックとプロテスタントでに大別されますが、ホテルや専門の結婚式場が設けているブライダルチャペルで行われるキリスト教式結婚式は一般的にプロテスタント式です。ここでは、ホテルなどで一般的に行われているプロテスタント式結婚式の流れにそった式次第を記載します。

キリスト教式結婚式の流れ

❶**参列者の入場**…参列者が式場に入場して着席。着席する位置は、祭壇に向かって右側が新郎の関係者、左側が新婦の関係者。

❷**新郎の入場**…新郎がベストマン（新郎に指輪を渡す係）と一緒に入場し、祭壇の前に立つ。

❸**新婦の入場**…新婦が父親と一緒に入場し、バージンロードを歩いて新郎の傍らまで進む。その後、父親が新郎に新婦を引き渡す。

❹**賛美歌斉唱**…全員起立して賛美歌を歌う。

❺**挙式開始の宣言**…聖職者による宣言。

❻**誓いの言葉**…聖職者が新郎新婦に結婚の誓いを求め、新郎新婦は参列者の前で結婚を誓う。

❼**指輪の交換**…聖職者の祝福を受けた指輪をお

互いの左手の薬指にはめる。

❽**誓いのキス**…新郎が新婦のベールを上げて誓いのキスをする。

❾**結婚成立を宣言**…聖職者が、新郎新婦の右手を重ねた上に手を置いて、神の恵みがあるようにと祈り、結婚が成立したことを宣言。

❿**退場**…新郎新婦が参列者の祝福を受けながら、バージンロードを歩いて退場。

仏前結婚式

「仏前結婚式」は、仏様に感謝するとともに加護を願う結婚式です。

現在は、信仰する宗派の寺院で挙式することが一般的になっていますが、仏前結婚式の設備を整えた結婚式場もあるので、そうした式場を利用することも可能です。式次第は宗派によって多少異なります。

仏前結婚式の流れ

❶**入堂《にゅうどう》**…父母、親族が入堂して着席。その後、新郎は媒酌人と、新婦は媒酌人夫人に介添えされながら入堂して仏前に進んで着席。

❷**焼香《しょうこう》・合掌礼拝《がっしょうらいはい》**…司婚者である僧侶が結婚式の始まりを告げ、仏前で焼香、合掌礼拝を行い、参列者も一緒に合掌礼拝する。

③**敬《けい》白《びゃく》文《もん》朗《ろう》読《どく》**…司婚者が、仏様と先祖の霊に向かって結婚を報告する敬白文を読み上げる。

④**念《ねん》珠《じゅ》授《じゅ》与《よ》**…司婚者が、仏前に供えられている念珠を新郎新婦に授与する。

⑤**司婚の辞**…仏前で結婚を誓う儀式。司婚者が、新郎新婦に生涯の苦楽を共にする旨を問いかけ、新郎新婦が誓いの言葉を述べる。

⑥**誓詞の朗読・焼香**…新郎が誓詞を読み上げて自分の名前を述べ、新婦が自分の名前を述べた後、新郎、新婦の順に焼香。

⑦**式杯・親族杯の儀**…神前結婚式の三献の儀にあたる杯の儀式。

⑧**司婚者法話**…司婚者のお祝いの言葉。

⑨**合掌礼拝**…司婚者が仏前に向かって合掌。新郎新婦、参列者も合掌する。

⑩**退堂**…司婚者の退堂に続いて、新郎新婦、媒酌人夫婦、両親、親族の順に退堂。

昔の結婚のしきたり

かつて、結婚は家同士の結びつきという意識が強く、当事者より親の意志が尊重されていました。仲人の紹介によって見合いをし、結納を交わし、結婚式の後に披露宴を催すというかたちが一般的でした。

女性は嫁ぎ先で家風になじむよう要求され、子供ができなかったりすると離縁されることもしばしばあったようです。

こうした婿方（男性側）を重んじる背景としては、格式を重視する武家社会の結婚様式が民間に影響を与えたことがあげられます。

それ以前は、庶民の間では村祭りなどをきっかけとして伴侶を得る恋愛結婚が主流でした。

見合いによる結婚の場合には、さまざまな儀礼が行われてきました。

まず結納の際には仲人が嫁方の家に結納品《ゆいのうひん》（酒肴《さけさかな》や金品）を持参し、これを娘方が受け取り、ともに飲食をすることによって婚約が成立しました。

ただし、地域によっては婚約のあとに結納を行うところもあり、必ずしもそのしきたりは一様ではなかったようです。

嫁入り当日は花嫁衣装を着て、迎えにきた仲人とともに婿の家へ向かいます。

そして、生家を出る際には「再び戻ってこないように」という願いを込めて、葬式のときに習って門火《かどび》を焚《た》いたり、また、花嫁一行が婿の家に到着するときにも、同じように門火を焚く風習がありました。

さらには、道中あるいは婿の家に入る際に、花嫁に雨よけの笠を被せる習わしもあったようで、昔の結婚の儀礼には火と水がともなう風習が多くの地域で共通した特徴となっています。

昔の結婚式は家で行う結婚式が主流で、婿家に入るための儀式が終わると、一同は座席について杯を交わします。

長寿の祝い

「長寿の祝い」は、中国から伝わった習わしです。もともとは「賀寿《かじゅ》」と呼ばれ、家族でお祝いをしていました。これが奈良時代に日本に伝わり、当時では長寿と考えられた四十歳から十年ごとに行われていたようです。

平安時代には貴族の間でも広く行われるようになり、鎌倉時代以降に現在と同じように六十一歳、七十歳、七十七歳…という年齢で祝うようになりました。

長寿の祝いは、満六十歳の還暦《かんれき》から祝うのが一般的で、これは生まれた年の干支《えと》が一巡して、生まれた年の干支に再び巡ることに由来しています。暦が一巡して還るため還暦と呼ばれます。

還暦以降は、左記のようにお祝いします。満年齢で行うか、数え年で行うかについては、現在はあまりこだわらないことが多いようです。

還暦《かんれき》 満60歳・数え61歳	数え61歳(満60歳)に、その人が生まれた年の干支がまた巡って来て、長寿であることを神に感謝し祝う行事です。十干と十二支の組み合わせで61年目に元の干支に戻ることから「本卦還り(ほんけがえり)」ともいわれます。	
古稀《こき》 満69歳・数え70歳	「人生七十(しちじゅう)古来稀なり」(70歳まで生きることは昔から珍しいことだ)という、杜甫の詩の一節に基づいています。	
喜寿《きじゅ》 満76歳・数え77歳	「喜」の草書体が、七十七に見える所から、この名称になりました。「喜の字の祝い」、「喜の祝い」などもいわれます。	喜 ▶ 㐂
傘寿《さんじゅ》 満79歳・数え80歳	「傘」を略した字が「八」と「十」に見える所から、この名称になりました。	傘 ▶ 仐
米寿《べいじゅ》 満87歳・数え88歳	「米」の字をばらばらにすると八十八となる所から、この名称になりました。「米(よね)の祝い」などともいわれます。	米 ▶ 
卒寿《そつじゅ》 満89歳・数え90歳	「卒」を略した字の「卆」が、九十に見える所から、この名称になりました。	卒 ▶ 卆
白寿《はくじゅ》 満98歳・数え99歳	「百」の字から、一画目の「一」を取ると「白」になる所から、この名称になりました。	百－一 ▶ 白 ▶ 九十九
百寿《ももじゅ ひゃくじゅ》 満99歳・数え100歳	文字通り100歳を祝う名称です。60歳を下寿、80歳を中寿とし、100歳を上寿と呼ぶこともあります。	
茶寿《ちゃじゅ》 満107歳・数え108歳	「茶」の字は、冠部分が「十」が2つと、脚が「八十八」に分けられ、これを足すと「百八」になることから、この名称になりました。	
皇寿《こうじゅ》 満110歳・数え111歳	「皇」の字の「白」が、「白寿」の際の考え方から、「百」から一を取った「九十九」で、「王」の字は、「十」と「二」からなり、これを足すと111になることから、この名称になりました。	

厄《やく》年《どし》

「厄年」とは、平安時代に盛んだった陰陽道でいわれていたことで、その年齢になるといろいろな災厄が降りかかるとされてきました。

陰陽道とは、古代中国で生まれた自然哲学思想や陰陽五行説が日本に伝わり、日本独自のものとして発展した呪術と自然科学の体系です。

民俗学的見地では、厄年は「役年」

民俗学からみると、厄年は「役年《やくどし》」ということになります。役年は、ある一定の年齢になると社会的に大事な役目を担うという考え方から生まれた言葉です。

「役」の年齢に差し掛かる頃は、精神的・肉体的に変化が起こりやすく、思いもよらぬ災難を受けたりするので、役年は人生の節目になっていると民俗学の上でも考えられているわけです。

厄年の年齢

男性の厄年は、数え年で二十五歳、四十二歳、六十一歳とされています。その中でも、特に四十二歳は大厄《たいやく》とされていて、最も注意すべき年齢としています。さらに、厄年の前後三年は注意しなければいけないといわれています。

女性の厄年は、数え年で十九歳、三十三歳、三十七歳といわれています。その中でも三十三歳が大厄の年にあたり、男性同様、前後の三年間は注意が必要としています。三十三歳は「散々」に通じるからという説もありますが、人生の節目として、節度のある生活を送るように注意すべきだということです。

※数え年

	前厄	本厄	後厄
女性	18歳	19歳	20歳
	32歳	33歳	34歳
	36歳	37歳	38歳
男性	24歳	25歳	26歳
	41歳	42歳	43歳
	60歳	61歳	62歳

前厄と後厄

厄年前後の各一年間も注意しなければいけない年とされています。厄年の前年は、厄の前兆が出始める年として「前厄《まえやく》」と呼ばれ、本厄を迎えた後の一年は「後厄《あとやく》」とされています。

不祝儀《ぶしゅうぎ》の儀礼

現在、葬儀の様式も多様化しており、無宗教による葬儀も執り行われるようになってきていますが、ここでは一般的な仏教式の葬儀について紹介します。

なお、式次第の流れは宗派によって異なることがあります。

仏教式の葬儀

通夜

最近では、通夜式を行うのが一般的です。

通夜は、葬儀の前に家族や近親者が、個人と最後の別れを惜しむことをいいます。僧侶に枕経と呼ばれるお経をあげていただき、灯明・線香を絶やさないようにしながら、故人の思い出などを語り合います。

しかし、最近は弔問客が訪れることが多くなったことから、以下のような式次第に準じた式を行うことが一般的になっています。

❶**受付開始**…玄関を開けたままにして、式の三十分前には受付を開始。喪主と遺族は前もって着席しておき、弔問客の挨拶を受ける。僧侶が到着したら控えの部屋に案内して茶菓でもてなす。

❷**喪主・遺族・会葬者着席**…喪主と遺族は弔問客の出迎えはせず、着席したまま弔問を受ける。

❸**開式**

❹**僧侶入場**…会葬者は黙礼して出迎える。場合によって僧侶から簡単な挨拶がある。

❺**読経と焼香**…読経を静かに拝聴し、喪主から遺族、親族、世話役代表、一般弔問客の順に焼香する。

❻**僧侶退席**…会葬者は黙礼して見送る。もう一度控えの部屋に案内して茶菓でもてなす。

❼**喪主挨拶**…喪主が遺族、親族を代表して挨拶。喪主の代わりに遺族や親族の代表、世話役代表が挨拶する場合もある。

❽**通夜ぶるまい**…通夜が終わると「通夜ぶるまい」という弔問客への酒食の接待がある。

葬儀と告別式

葬儀と告別式は、似たような意味で使われていますが、本来は別々に執り行われるものです。

葬儀とは、遺族や近親者が故人の冥福を祈った後、故人が無事に成仏できるように僧侶が弔う儀式です。

告別式は、故人と親交があった友人や知人が最後のお別れをする儀式で、焼香という形で行われます。

しかし、最近では、告別式と葬儀を一緒に行う場合が多くなっています。

また、葬儀は遺族や近親者だけで密葬を行って、お別れの会や告別式を他日、改めて行うこともあります。

葬儀から告別式を一緒に行う場合の式次第は、宗派や喪主の立場、式の規模によって多少異なる場合もありますが、概ね次の通りです。

❶**受付開始**…開式の三十分前には受付を始める。
❷**喪主・遺族・会葬者着席**…開式の十分前には、通夜の時と同じように着席する。
❸**開式**
❹**僧侶入場**…会葬者は黙礼して迎える。
❺**読経**…読経を静かに拝聴する。
❻**僧侶による焼香**
❼**弔辞、弔電の奉読**…あらかじめ依頼していた弔辞を奉読してもらう。また、届いた弔電の紹介がある。
❽**遺族や近親者の焼香**…席次の順に従って焼香。
❾**一般参列者による焼香**…席次の順に従って焼香。
❿**僧侶退場**
⓫**閉式**…喪主か世話役代表の挨拶。その後、出棺。

焼香

焼香は、死者を弔うために香（線香や抹香）を焚く仏式葬儀の儀礼のひとつです。

お香には、その香りで邪気を祓い、霊前を清める意味があり、焼香する人が冥福を祈る気持ちを込めるものです。棒状になっているものを線香、粉末状のものを抹香といいます。

一般的な弔問では線香をあげることが多いのですが、通夜の読経の後や葬儀・告別式、法事の際に僧侶の読経の後の焼香は、抹香を用いることがほとんどです。

焼香には、次の三つの方法があります。

【立礼《りつれい》焼香】

①房が下になるように数珠を左手に持ち、焼香台に向かって進む前に遺族、僧侶に一礼してから焼香台に進む。

②焼香台の手前で立ち止まって、遺影と位牌を見つめてから、台の前まで進み合掌する。

③右手で抹香を親指・人差し指・中指の三本でつまみ、少し頭を下げるようにして、目を閉じながら、額の高さに捧げる。

④抹香を香炉の中に静かに落とす。（宗派によって一〜三回と焼香の回数は異なるが、会葬者の人数が多い時などは一回だけ丁寧に焼香して後の人に譲る）

⑤焼香が済んだら合掌。その後、遺影の方を向いたまま少し後ろに下がって、僧侶、遺族に一礼して向きを変えて自席に戻る。

【座礼《ざれい》焼香】

基本的には立礼焼香と同じ方法で焼香します。ただ、和室などの場合に、立ち上がらずに焼香台まで移動（膝行《しっこう》）する場合があります。

【回し焼香】

香炉、抹香などをお盆に載せて参列者の間を回して焼香する方法です。

回し焼香では参列者は自席に座ったままで焼香することになり、焼香の順番は前のほうに座っている親族から回すようにします。

①前の人からお盆がまわってきたら、軽く一礼して受け取る。

②自分の膝の上、または膝前にお盆を置いて焼香する。

③焼香が済んだら合掌。

④軽く一礼しながら、次の人にお盆を渡す。

時候の挨拶・花ごよみ

一月

時候の挨拶

初春の候／新春の候／大寒の候
寒風の候／酷寒のみぎり

▼新春のお慶びを申し上げます。
▼初春の候、ますますご健勝のこととお慶び申し上げます。
▼皆様お元気で新年をお迎えのことと存じます。
▼新年を迎え、皆様にご多幸がありますよう祈念申し上げます。
▼松飾りもとれ、普段の生活が戻ってまいりました。

花ごよみ

水仙　まんさく　なずな　はこべ
ヒヤシンス　エリカ　ゼラニウム
黄梅《おうばい》　葉牡丹《はぼたん》　藪椿《やぶつばき》

二月

時候の挨拶

立春の候／向春の候／余寒の候
梅花の候／春寒の候

▼寒気も少しずつ緩みはじめましたが、皆様いかがお過ごしですか。
▼余寒なお去りがたきおりから、皆様お元気でお過ごしでしょうか。
▼梅のつぼみがほころぶ季節となり、春の訪れが待ち遠しく感じます。
▼暦の上では春ですが、まだまだ厳しい寒さが続いております。

花ごよみ

梅　椿　節分草《せつぶんそう》　うこんの花
福寿草《ふくじゅそう》　片栗《かたくり》　ミモザ
クロッカス　スノードロップ

三月

時候の挨拶

早春の候／春色の候／萌芽の候
弥生のみぎり／軽暖のみぎり

▼春寒次第に緩み、ひと雨ごとに春の息吹が立ち込めてまいりました。
▼弥生のみぎり、〇〇様におかれましてはいがお過ごしですか。
▼春分の候、〇〇様におかれましては益々ご壮健のこととお慶び申し上げます。

花ごよみ

沈丁花《じんちょうげ》　たんぽぽ　桃の花　菜の花
木蓮《もくれん》　木瓜《ぼけ》　れんぎょう　彼岸桜《ひがんざくら》
すみれ　山吹　アザレア　辛夷《こぶし》
一人静《ひとりしずか》　黒文字《くろもじ》の花

四月

時候の挨拶

花冷えの候／春爛漫の候／陽春の候
仲春の候／春粧のみぎり

▼花便りも伝わる今日この頃、益々ご健勝のことと存じます。
▼若葉の緑が目にも鮮やかなこの頃、いかがお過ごしでしょうか。
▼すっかり春らしい暖かい気候になりました。
▼吹く風も柔らかな季節となりました。

花ごよみ

桜　チューリップ　つつじ
勿忘草《わすれなぐさ》　桜草　キンセンカ
アネモネ　シクラメン　フリージア

五月

時候の挨拶

晩春の候／緑風の候／青葉の候
新緑の候／立夏のみぎり

▼若葉が目にまぶしい今日この頃です。
▼風薫る新緑の季節、皆様におかれましてはお変わりございませんか。
▼風薫るさわやかな季節となりました。
▼日中は汗ばむほどの陽気です。

花ごよみ

菖蒲《しょうぶ》　あやめ　藤　さつき
しゃくなげ　矢車草《やぐるまそう》　すずらん
アカシア　カーネーション
ライラック　桐の花　雪の下

六月

時候の挨拶

入梅の候／梅雨晴れの候／麦秋の候
梅雨寒の候／初夏の候／薄暑の候

▼衣替えの季節となりました。
▼暑さが日ごとに増してまいりましたが、いかがお過ごしですか。
▼あじさいの花が美しく咲いております。
▼うっとうしい梅雨の季節となりました。
▼長雨が続き、梅雨明けが待ち遠しい今日この頃です。

花ごよみ

バラ　夾竹桃《きょうちくとう》　時計草
くちなしの花　花菖蒲《はなしょうぶ》　紫陽花《あじさい》
水芭蕉《みずばしょう》　泰山木《たいさんぼく》

七月

時候の挨拶

盛夏の候／猛暑の候／盛暑の候
大暑の候／酷暑の候／仲夏の候

▼暑中お見舞い申し上げます。
▼梅雨明けの暑さはまたひとしおに感じられます。
▼夏空がまぶしく感じられる頃となりました。
▼花火の音が聞こえる季節となりました。
▼七夕飾りが軒先に揺れております。

花ごよみ

紅花《べにばな》　サルビア　にっこうきすげ
月下美人《げっかびじん》　月見草　立葵《たちあおい》　百日紅《さるすべり》
木槿《むげ》

八月

時候の挨拶

晩夏の候／晩夏の候／残暑の候
暮夏の候／秋暑の候／立秋のみぎり

▼残暑お見舞い申し上げます。
▼残暑が続いておりますが、いかがお過ごしですか。
▼立秋とは名ばかりの暑い日が続いております。
▼夕涼みを覚える頃となりました。
▼朝夕の風に、秋の気配が感じられるようになりました。
▼初秋の気配が漂う今日この頃。

花ごよみ

朝顔　ほおずき　向日葵《ひまわり》　芙蓉《ふよう》
そばの花　鳳仙花《ほうせんか》　孔雀草《くじゃくそう》
布袋葵《ほていあおい》　白粉花《おしろいばな》　弁慶草《べんけいそう》　百日草《ひゃくにちそう》

九月

時候の挨拶

仲秋の候／秋色の候／白露の候
涼風の候／秋霜の候／初秋のみぎり

▼灯火親しむ好季となりました。
▼コスモスの花が野を彩り始めました。
▼ようやくしのぎやすい季節となりました。
▼朝夕は日ごとに涼しくなってまいりました。
▼さわやかな秋晴れが続いております。

花ごよみ

菊　女郎花《おみなえし》　彼岸花《ひがんばな》　金木犀《きんもくせい》
桔梗《ききょう》　萩《はぎ》　ケイトウ　撫子《なでしこ》
コスモス　ダリア

十月

時候の挨拶

清秋の候／秋冷の候／錦秋の候
秋雨の候／夜長のみぎり

- 菊薫る季節となりました。
- 朝夕めっきり涼しくなりました。
- 日増しに秋の深まりを感じる季節になりました。
- 秋の夜長、いかがお過ごしでしょうか。
- 街路樹の葉も日ごとに秋の色をおびてまいりました。
- 秋風が冷たく感じられる今日この頃です。

花ごよみ

紅葉《もみじ》　小浜菊　銀木犀《ぎんもくせい》　柊木犀《ひいらぎもくせい》
セイタカアワダチソウ

十一月

時候の挨拶

晩秋の候／深秋の候／暮秋の候
霜秋の候／向寒のみぎり

- 陽だまりの恋しい時期となりました。
- 冬間近となった今日この頃。
- 日に日に秋が深まり、露寒の季節となりました。
- 落ち葉が風に舞う季節となりました。
- 吹く風に冬の到来を感じるこの頃です。

花ごよみ

寒椿《かんつばき》　山茶花《さざんか》　柊《ひいらぎ》　びわの花
ミセバヤ　浜ひさかき
シャコバサボテン

十二月

時候の挨拶

初冬の候／初雪の候／霜寒の候
師走の候／歳末のみぎり

- 師走を迎え、なにかと気忙しい毎日です。
- 寒さがひとしお身にしみる頃となりました。
- 本年も押し詰まってまいりましたが、いかがお過ごしですか。
- 今年もいよいよ残りわずかとなってまいりました。
- 木枯らしが吹きすさぶこの頃。

花ごよみ

カトレア　ポインセチア　プリムラ
シクラメン　クリスマスローズ
ノースポール

【さ】

【た】

索引

主な参考文献

『日本人のしきたり』飯倉晴武編著（青春出版社）
『旧暦で読み解く日本の習わし』大谷光男監修（青春出版社）
『日本の「行事」と「食」のしきたり』新谷尚紀監修（青春新書）
『こよみ読み解き事典』岡田芳明／阿久根末忠編著（柏書房）
『暦のからくり』岡田芳朗著（はまの出版）
『日本の風俗 起源を知る楽しみ』樋口清之著（大和書房）
『日本の七十二候を楽しむ』文・白井明大／絵・有賀一広（東邦出版）
『和のしきたり　日本の暦と年中行事』新谷尚紀監修（日本文芸社）
『日本の仏様がわかる本』松濤弘道著（日本文芸社）
『面白いほどよくわかる神道のすべて』菅田正昭著（日本文芸社）
『知っているようで知らない！日本神道』本田総一郎著（日本文芸社）
『結婚の歴史』江馬務著（雄山閣）
『図解雑学こんなに面白い民俗学』八木透／政岡伸洋編著（ナツメ社）
『日本を楽しむ年中行事』三越著（かんき出版）
『逆説の日本史１　古代黎明編』井沢元彦著（小学館文庫）
『民俗学辞典』柳田國男監修（東京堂出版）
『日本大歳時記』水原秋櫻子・加藤楸邨・山本健吉監修（講談社）
『大百科事典』（平凡社）

※このほか多くの文献を参照しました。紙面をお借りして深く感謝いたします。

暮らしのしきたり十二か月

2014年10月８日　初　版　第１刷発行
2016年７月15日　第２版　第２刷発行

編著者　神宮館編集部
発行者　木村通子
発行所　株式会社 神宮館
〒110-0015 東京都台東区東上野１丁目１番４号
電話　03-3831-1638（代表）
FAX　03-3834-3332

印刷・製本　誠宏印刷 株式会社

装幀・本文デザイン／半田美香〔(有) ミックスマックス〕
イラスト／森本睦美
編集・執筆協力／草野伸生

ISBN 978-4-86076-221-6
Printed in Japan
神宮館ホームページアドレス　http://www.jingukan.co.jp
16703180